U0514055

百年经典学术丛刊

先秦政治思想史

著

梁启超

上海古籍出版社

图书在版编目(CIP)数据

先秦政治思想史 / 梁启超著. -- 上海 : 上海古籍
出版社，2025. 5. --（百年经典学术丛刊）. -- ISBN
978-7-5732-1560-4

Ⅰ. D092. 2

中国国家版本馆 CIP 数据核字第 2025UB4399 号

百年经典学术丛刊

先秦政治思想史

梁启超　著

上海古籍出版社出版发行

（上海市闵行区号景路 159 弄 1－5 号 A 座 5F　邮政编码 201101）

（1）网址：www.guji.com.cn

（2）E-mail：guji1@guji.com.cn

（3）易文网网址：www.ewen.co

浙江临安曙光印务有限公司印刷

开本 890×1240　1/32　印张 7.5　插页 3　字数 187,000

2025 年 5 月第 1 版　2025 年 5 月第 1 次印刷

印数：1—1,500

ISBN 978-7-5732-1560-4

K·3829　定价：30.00 元

如有质量问题,请与承印公司联系

出 版 说 明

　　梁启超(1873—1929)，字卓如，号任公，又号饮冰室主人。广东新会人。清光绪举人。甲午中日战争后，与其师康有为一起倡导变法维新，积极鼓吹和推进维新运动。1898 年入京参与戊戌变法运动，失败后逃亡日本。初编《清议报》，继编《新民丛报》，一方面坚持立宪保皇，另一方面介绍西方资产阶级社会、政治、经济学说，大力传播新学，对当时知识界产生较大影响。辛亥革命后，出任袁世凯政府司法总长，1916 年则策动蔡锷护国反袁。1918 年赴欧考察。1920 年回国后赴清华任教。其著述丰富，涉及政治、经济、哲学、历史、语言、宗教及文化艺术、文字音韵等，达千余万字，多收录于《饮冰室合集》里。

　　1922 年 10 月下旬，梁启超赴南京东南大学讲授"中国政治思想史"课程，年底著《先秦政治思想史》一书。该书初题为《中国政治思想史》，后因病只完成先秦部分，遂改此名。《先秦政治思想史》对先秦政治思想史进行了梳理，并对中国文明和西方文明进行比较研究。全书分为三部分：序论部分，分析问题价值、问题之内容并提出研究方法；前论部分，介绍先秦的时代背景，分析先秦政治思想之起源；本论部分则主要对当时的主要流派儒、墨、道、法四家做详细论述及评价，还论述了统一、寝兵、教育、生计、乡治、民权等具有时代意义的课题。

　　《先秦政治思想史》后收为《饮冰室合集》专集第 13 册，1936 年由中华书局出版。本书即由此版改排。

上海古籍出版社

2025 年 1 月

目　　录

序　　论

前　　论

本　　论

附　　录

序

　　启超治中国政治思想，盖在二十年前，于所为《新民丛报》、《国风报》等，常作断片的发表，虽大致无以甚异于今日之所怀，然粗疏偏宕，恒所弗免。今春承北京法政专门学校之招，讲先秦政治思想，四次而毕，略赓前绪而已；秋冬间，讲席移秣陵，为东南大学及法政专门讲此本，讲义且讲且编，起十月二十三日，迄十二月二十日，凡两阅月成，初题为《中国政治思想史》，分序论、前论、本论、后论之四部，其后论则自汉迄今也。中途婴小极，医者谓心藏病初起，既有征矣，宜辍讲且省思虑，不则将增剧而难治。自念斯讲既已始业，终不能戛然遽止，使学子觖望，卒黾勉成之，幸病尚不增，能将本论之部编讲完竣，其后论只得俟诸异日矣。因所讲仍至先秦而止，故改题今名。启超讲述斯稿之两月间，以余力从欧阳竟无先生学大乘法相宗之教理；又值德人杜里舒博士同在金陵讲学，而张君劢董其译事，因与君劢同居，日夕上下其议论。兹二事者，皆足以牖吾之灵而坚其所以自信，还治所业，乃益感叹吾先哲之教之所以极高明而道中庸者，其气象为不可及也。书成后，徐志摩拟译为英文，刘文岛及其夫人廖世劭女士拟译为法文，倘足以药现代时敝于万一，斯则启超所以报先哲之恩我也已。民国十一年十二月二十八日梁启超自序于南京成贤学舍。

序　论

第一章　本问题之价值

人类全体文化，从初发育之日起截至西历十五六世纪以前，我国所产者，视全世界之任何部分，皆无逊色。虽然，我国文化发展之途径，与世界任何部分，皆殊其趋。故如希伯来人、印度人之超现世的热烈宗教观念，我无有也；如希腊人、日耳曼人之瞑想的形而上学，我虽有之而不昌；如近代欧洲之纯客观的科学，我益微微不足道。然则中国在全人类文化史中尚能占一位置耶？曰能。中国学术，以研究人类现世生活之理法为中心，古今思想家皆集中精力于此方面之各种问题。以今语道之，即人生哲学及政治哲学所包含之诸问题也。盖无论何时代何宗派之著述，未尝不归结于此点。坐是之故，吾国人对于此方面诸问题之解答，往往有独到之处，为世界任何部分所莫能逮。吾国人参列世界文化博览会之出品恃此。

人生哲学，不在本讲义范围中，且置勿论，专言政治哲学。我国自春秋战国以还，学术勃兴，而所谓"百家言"者，盖罔不归宿于政治。其政治思想有大特色三：曰世界主义，曰平民主义或民本主义，曰社会主义，此三种主义之内容，与现代欧美人所倡导者为同为异，孰优孰劣，此属别问题。要之此三种主义，为我国人夙所信仰，无论何时代何派别之学者，其论旨皆建设于此基础之上。此三种主义，虽不敢谓为我国人所单独发明，然而最少亦必为率先发明者之一。此吾所不惮昌言也。

欧洲自十四五世纪以来，国家主义萌苗发展，直至今次世界大战前后遂臻全盛。彼所谓国家主义者何物耶？欧洲国家，以古代的市府及中世的堡聚为其雏型。一切政治论，皆孕育于此种市府式或堡聚式的组织之下。此种组织，以向内团结、向外对抗为根本精神。其极也，遂至以仇嫉外人为奖励爱国冲动之唯一手段。

> 罗素所著爱国功过一书，言"英国人惯用仇嫉外国的卑劣手段，以奖励其国民爱国心。最初仇西班牙人，继则仇法国人，继则仇德国人，今后又不知当仇谁氏。"此言深可味。

国家主义之苗，常利用人类交相妒恶之感情以灌概之，而日趋蕃硕。故愈发达而现代社会机阽不安之象乃愈著。中国人则自有文化以来，始终未尝认国家为人类最高团体。其政治论常以全人类为其对象，故目的在平天下，而国家不过与家族同为组成"天下"之一阶段。

> 其所谓天下者，是否即天下且勿论，要之其着眼恒在当时意识所及之全人类。

政治之为物，绝不认为专为全人类中某一区域某一部分人之利益而存在。其向外对抗之观念甚微薄，故向内之特别团结，亦不甚感其必要。就此点论，谓中国人不好组织国家可也，谓其不能组织国家也亦可。无论为不好或不能，要之国家主义与吾人夙不相习，则甚章章也。此种"反国家主义"或"超国家主义"的政治论既深入人心，政治实况当然受其影响。以二千年来历史校之，得失盖参半。常被异族蹂躏，是其失也，蹂躏我者非久便同化，是其得也。最后总决算，所得优足偿所失而有余。盖其结果常增加"中国人"之组成分子，而其所谓"天下"之内容，日益扩大也。欧洲迄今大小数十国，而我国久已成为一体，盖此之由。虽然，此在过去为然耳，降及近世，而怀抱此种观念之中国人，遂一败涂地。盖吾人与世界全人类相接触，不过在最近百数十年间，而此百数十年乃正国家主义当阳称尊之唯一时代。吾人逆潮以泳，几灭顶焉。吾人当创巨痛深之余，曷尝不窃窃致怨于先民之诒我戚。然而平陂往复，理有固然。自今以往，凡畴昔当阳称尊之学说，皆待一一鞫讯之后而新赋予以评价。此千年间潦倒沉沦之超国家主义——即平天下主义、世界主义、非向外妒恶对抗主义——在全人类文化中应占何等位置，正未易言。

　　平等与自由，为近世欧洲政论界最有价值之两大产物。中国在数千年专制政体之下，宜若与此两义者绝相远。然而按诸实际，殊不尔尔，除却元首一人以外，一切人在法律之下皆应平等。公权私权皆为无差别的享用，乃至元首地位，亦不认为先天特权，而常以人民所归向所安习为条件，此种理想，吾先民二千年前，夙所倡导，久已深入人心，公认为天经地义。事实上确亦日日向此大理想进行，演成政治原则，莫之敢犯。其最显著者，则欧美贵族平民奴隶等阶级制度，直至近百年来始次第扑灭。其余烬之一部分，迄今犹在。我国则此种秕制，已成二千年殭石。欧人所谓"人权"，全由阶级斗争产来。其得之也艰，故其爱护之也力。我国则反是，斯固然矣。然必有阶级然后有斗争之主体。在久无阶级之我国，兹事自不能成问题，且以学理衡之，吾侪亦不能认阶级斗争为性质上可崇敬之事业。若果尔者，一切阶级灭尽之后，人类政治岂不日陷于堕落耶？我国历史上未闻有此等惨酷之斗争，而已得有相当的人权，纵不必自豪，亦未足云辱也。所以能尔者，则以人类平等观念，久已成为公共信条，虽有强者，莫敢屡撄也。

　　自由与干涉对待，政治上干涉主义之利病，在我国先秦时代，实为学界争论最剧之问题。结果不干涉主义，殆占全胜。此主义以不可抗的权威，常临乎历代君相之上。故秦汉以降，我国一般人民所享自由权，比诸法国大革命以前之欧洲人，殆远过之。事实具在，不可诬也。其间昏主淫威，墨史訅法，致自由失所保障者，史固不绝书。然吏之毒民，非法律所许，民本有控诉之余地。至对于暴君，则自昔圣贤，皆认革命为人民正当权利，在学理上未尝少为假借也。我国民惟数千年生活于此种比较的自由空气之中，故虽在乱离时，而其个性之自动的发展，尚不致大受戕贼。民族所以能永存而向上，盖此之由。

　　美林肯之言政治也，标三介词以槃括之曰：of the people, by the

people, and for the people, 译言政为民政, 政以为民, 政由民出也。我国学说, 于 of, for 之义, 盖详哉言之, 独于 by 义则概乎未之有闻。申言之, 则国为人民公共之国, 为人民共同利益故乃有政治。此二义者, 我先民见之甚明, 信之甚笃。惟一切政治当由人民施行, 则我先民非惟未尝研究其方法, 抑似并未承认此理论, 夫徒言民为邦本, 政在养民, 而政之所从出, 其权力乃在人民以外, 此种无参政权的民本主义, 为效几何? 我国政治论之最大缺点, 毋乃在是? 虽然, 所谓政由民出者, 不难于其理论也而难于其方法? 希腊诸市之全民会议, 遂得谓为真 by the people 耶? 近世诸国通行之代表制多数取决制, 乃至最近试验之苏维埃制, 又得谓为真 by the people 耶? 皆不容无疑, 然则实现 by the people 主义之方法, 虽在欧美今日, 犹不能作圆满解答, 况我国过去之国情——因地理及其他关系所产生之社会组织——多不适于此类方法之试验。既不能得有可恃之方法, 则不敢轻为理论的主张, 亦固其所。要之, 我国有力之政治理想, 乃欲在君主统治之下, 行民本主义之精神。此理想虽不能完全实现, 然影响于国民意识者既已甚深。故虽累经专制摧残, 而精神不能磨灭。欧美人睹中华民国猝然成立, 辄疑为无源之水, 非知言也。

　　文化演进较深之国, 政治问题必以国民生计为中心, 此通义也。我国盖自春秋以前, 已注重此点。"既富方谷"、"资富能训"诸义, 群经既所屡言。后此诸家政论, 罔不致谨于是。而其最大特色, 则我国之生计学说, 常以分配论为首位, 而生产论乃在次位也。欧洲所谓社会主义者, 其唱导在近百余年间耳。我国则孔墨孟荀商韩以至许行白圭之徒, 其所论列, 殆无一不带有社会主义色彩。在此主义之下, 而实行方法大相迳庭, 亦与现代社

> 中国未受工业革命之影响, 故分配以惰力而保平均, 似不能持以与今代欧美比较, 然中国百年前之经济组织, 与欧洲百年前亦迥不同, 我则一向皆常能保均富而抑兼并, 此根本特色也。

会主义之派别多歧者略相似。汉唐以降之实际的政治,其为人所称道者,又大抵皆含有社会政策之精神,而常以裁抑豪强兼并为职志者也。故全国人在比较的平等组织及条件之下以遂其生计之发展,世界古今诸国中,盖罕能与我并者。此虽半由环境所构成,抑亦学说之入人深也。

　　窃尝论之,中国文明,产生于大平原。其民族器度伟大,有广纳众流之概。故极平实与极诡异之学说,同时并起,能并育而不相害。其人又极富于弹力性,许多表面上不相容之理论及制度,能巧于运用,调和焉以治诸一炉。此种国民所产之思想及其思想所陶铸而成之国民意识,无论其长短得失如何,要之在全人类文化中,自有其不朽之位置。可断言也,夫绝对的真理之有无,学者久已疑之,理论上且有然。若夫理论之演为制度者,其是非盖益幻瞔而不易究诘。欧洲近一二百年,政治学说、生计学说之标新领异,几使人应接不暇。种种学说,亦泰半已经次第实现以成制度。然每一主义之昌,未尝不有极大之流弊踵乎其后,至今日则其人深陷于怀疑恼闷之渊。举凡前此所安习之制度,悉根本摇动。欲舍其旧而新是谋,则皇皇然若求亡子而未得也。我先民所治我之思想,虽或未成熟,或

中国国民性之短处亦自有之,如好调和以致不彻底,即其一也。此非本论范围,故不多及。

久中断,搜剔而磨洗之,又安见不龟手之药终无益于人国也。由此言之,本问题之价值可以见矣。

　　平心论之,价值之为物,本非绝对的不变的。吾侪殊不必妄自尊大,谓吾所有者必有以愈于人,更不宜讳疾忌医,掩护其所短以自窒进步。但尤有一义当知者,本国人对于本国政治思想,不惟其优良者有研究价值,即其窳劣者亦有研究价值。盖现代社会,本由多世遗传共业所构成。此种共业之集积完

业字为佛教术语,个人遗传性谓之别业,社会遗传性谓之共业。

成，半缘制度，半缘思想，而思想又为制度之源泉。过去思想，常以历史的无上权威无形中支配现代人，以形成所谓国民意识者。政治及其他一切设施，非通过国民意识之一关，断不能有效。质言之，非民众积极的要求或消极的承诺之政治，则不能一日存在。近二十年来，我国人汲汲于移植欧洲政治制度，一制度不效，又顾而之他，若立宪，若共和，若联邦，若苏维埃……凡人所曾行者，几欲一一取而试验之。然而名实相缪，治丝愈棼，盖制度不植基于国民意识之上，譬犹掇邻圃之繁花，施吾家之老干，其不能荣育宜也。最近穷而思返，先觉者始揭改造思想之旗以相号召，虽然，改造云者不惟其破坏也而惟其建设，欲革去一旧思想，必须有一新思想焉足餍人心者以代之，否则全社会陷于怀疑与虚无，

结果仍让彼有传统的惰力之旧思想占优势耳。而新思想建设之大业——据吾所确信者，万不能将他社会之思想全部移植，最少亦要从本社会遗传共业上为自然的浚发与合理的针砭洗炼。信如是也，则我国过去政治思想，虽其中

> 积极要求者，以国民意识积极的作用创造一种新组织也，例如法国之"人权宣言"为十九世纪民权国家成立之总发动机。消极承诺者，以国民意识消极的作用，维持一种旧组织者也，例如日本今尚戴万世一系之天皇，中国人民默许藩镇割据。

一部分对于世界无甚价值者，就吾国人立脚点言之，其价值不可蔑视明矣。

第二章　问题之内容及资料

政治思想之内容，从所表现的对象观察，可分为二类：一曰纯理，二曰应用。纯理者，从理论上悬一至善之鹄，研究国家当用何种组织，施政当采何种方针……等等。应用者，从实际上校其效率，研究某种组织某种方针……等等如何始能实现。此两者虽有区别，然常为连锁的关系。纯理必借应用而始圆满，应用必以纯理为其基据。

从能表现之主格观察，亦可分为二类：一曰个人的思想，二曰时代的思想。个人的思想，为大学者或大政治家脑力所产物，其性质为有意识的创造；时代的思想，由遗传共业及社会现行习俗制度混织而成，其性质为无意识的演进。两者亦常有交光的关系，个人能开拓时代，时代亦孕育个人。

吾侪欲研究中国政治思想史，其资料当求诸何处耶？以吾所见，区为四类。

第一类，学者之著述及言论。此为个人创造力之完全表现，例如孔子、老子、墨子、庄子、尹文、孟子、荀卿、韩非、贾谊、董仲舒、仲长统、桓宽、司马迁、杜佑、司马光、郑樵、王夫之、顾炎武、黄宗羲、戴震、谭嗣同等，皆有著述传后。吾侪将其著述爬梳整理，可以察其思想之脉络焉。此外或无著述或虽有而已佚者，则从别人所征引彼之言论以窥其思想之一斑。此惟先秦时代为较多，例如邓析思想，见于《吕氏春秋》；许行思想，见于《孟子》；惠施思想，见于《庄子》；宋钘思想，见于《孟子》、《荀子》之类是也。

第二类，政治家活动之遗迹。政治思想与哲学思想不同，哲学思想为学者所独有，其发表之形式专恃著述；政治思想什九与实际问题相接触，一有机会，则不惟坐而言，直将起而行。故凡属有主张有设施之政治家，例如周公、管仲、子产、孔子、商鞅、李斯、汉高祖、汉武帝、王莽、诸葛亮、崔浩、苏绰、唐太宗、刘晏、陆贽、王安石、明太祖、张居正、清圣祖、曾国藩之流，无论其人为贤为不肖，其事业为成为败，要之其关于政治上之设施，皆其思想之现于实者也，故此等人之传记，实斯学主要资料之一种。

第三类，法典及其他制度。政治思想之实现，恒结晶以变为成文之法典及其他单行制度，例如周官、法经、汉律、汉官、唐律、唐开元礼、元典章、明会典、清律例、清会典乃至如通典、文献通考等类之政书，与夫历代诏令奏议，凡此类法制之书，虽大半递相沿袭，而其间有所损益，恒必与其时代之要求相应，此即彼时代政治思想之表现也。至于立法时赞成反对之意见表于言论者，尤足为时代思想之徽帜，自无待言。

第四类，历史及其他著述之可以证察时代背景及时代意识者，凡思想皆应时代之要求而发生，不察其过去及当时之社会状况，则无以见思想之来源。凡一思想之传播，影响必及于社会，不察其后此之社会状况，则无以定思想之评价。故欲治政治思想史，必须对于政治史、经济史、宗教史、风俗史等有相当之准备，然后其研究不至歧误。又各时代中一般人（指学者及政治家以外之人）之言论，往往有单辞片语，优足为当时多数人意识之代表，非博观而约取之，不足以觇时代思想之全内容。此种资料，既无完善之成书可供采择，则亦惟泛求诸群籍而已。

以上四类，前二类为研究个人思想之资料，后二类为研究时代思想之资料，其实两者有交光的关系既如前述，则此种界限，殊无取细分也。以吾所见，中国政治思想史现存之资料，可谓极丰富，独惜散在群籍，非费极大之劳力，不能搜集完备，且非有锐敏的观察力，时复交臂失之。

此则凡治国故者所共感之苦痛,不徒本问题为然耳。

资料审择,又为治国故者一种困难之业,因古来伪书甚多,若不细加甄别,必致滥引而失真。例如以《内经》为黄帝思想,以《阴符》为太公思想,以《周礼》为周公思想,以《家语》、《孔丛子》所记为孔子思想,以《列子》、《关尹子》、《鬼谷子》等书各为其本人思想,乃至以伪古文《尚书》为三代时思想,杂谶纬诸书为邃古时思想,如是必至时代背景与思想系统完全混乱,而史之作用全失。

不惟伪书而已,即真书中所记古事古言,亦当分别观之。盖古代著述家,每将其理想托诸古人以自重。孟子称"有为神农之言者许行"。岂惟许行,实亦可谓有为尧舜之言者孔丘、孟轲,有为大禹之言者墨翟,有为黄帝之言者庄周也。故虽以此等大哲之著书确实可信者,其所述先代之事迹及言论,大半只能认为著书者之思想,而不能尽认为所指述之人之思想。又不惟专家著述为然,即诸经诸史中资料,亦当加审慎。孟子论治诗也,谓当"不以辞害意",其论治书也,谓"尽信书则不如无书"。盖史迹由后人追述,如水经沙滤,必变其质。重以文章家善为恢诡谲荡之辞,失真愈甚。吾侪既不能吐弃此等书以孤求史迹,而其所记载又玉石混淆,则惟有参征他种资料,略规定各时代背景之标准,其不大缪于此标准者则信之而已。此则治一般史之通例,其方法非本书所能胪述也。

> 《韩非子·显学》篇云:"孔子、墨子同道尧舜,而趋舍不同,皆自谓真尧舜。尧舜不可复生,谁与辩儒墨之诚乎?"此语最能道出先秦诸子托古之真相。

辨别伪书,凡以求时代之正确而已,不能因其伪而径行抛弃。例如谓《管子》为管仲作,《商君书》为商鞅作,则诚伪也。然当作战国末法家言读之,则为绝好资料。谓《周礼》为周公致太平之书,则诚伪也。然其中或有一小部分为西周遗制,其大部分亦足表现春秋战国乃至秦汉之交之时代背景,则固可宝也。又如《内经》决非黄帝时代书,自无待言,然其书实战国末阴阳家言所荟萃，阴阳家如邹衍之徒著述已佚，此书即其绝好之代表品也。《列子》非列御寇作而为晋人伪撰，亦略有定评；然晋人学说，传今无几，即以此书觇当时时代意识之一斑，计亦良得也。

尤有一类资料决当拣弃者。汉代策问郡国所贡士，已开奖借空言之渐，唐宋以远，斯风弥扇。如韩愈、杜牧及苏洵、轼、辙父子兄弟之徒，多以好为肤廓之政论，滥博盛名。明清末流，帖括播毒，谈政本必"危微精一"，论政制必"封建井田"；尘土羹饭，屡嚼而秽不惭，优孟衣冠，久假而归无日。凡兹谰言，概宜芟汰。要之学者之学说，当以有无创造力为价值标准；政治家之绩业，当以有无责任心为价值标准。合此标准，可以厕诸思想之林，否则毋恿我为也。

第三章 研究法及本书研究之范围

　　研究法有三种：第一，问题的研究法。先将所欲研究之事项划出范围，拟定若干题目，每个题目，皆上下古今以观其变迁。其总问题，例如"国家起源"、"政府组织"……等等，其分问题例如"土地宜公有抑私有"、"封建为利为弊"、"刑罚宜取惩报主义抑取感化主义"……等等。研究某时代对于本问题之趋势何如，某学者对于本问题之态度何如，以类相次，一题毕乃及他题。此法长处，能令吾侪对于各种重要问题，得有致密正确的知识，而且最适于实地应用。其短处，在时代隔断，不易看出思想变化之总因间因，且各问题相互之关系，亦不明了。

　　第二，时代的研究法。此法按时代先后顺序研究，例如先三代次春秋次战国次秦汉……等。在同一时代中，又以思想家出生之早晚为次。例如春秋战国间，先老子次孔子次墨子次商君、庄子、孟子、荀子、韩非……等。此法长处，能使思想进化之迹历历明白，又可以将各时代之背景——即政治实况及社会实况——委细说明，以观思想发生之动机。其短处，则同一时代中或资料太多，对于各问题难于详细叙述，若勉强叙述之，则易时所述，与前犯复，令读者生厌。又一派之学说先辈与后辈年代隔离(例如孔子与孟子、孟子与荀卿)，令读者迷其脉络所在。

　　第三，宗派的研究法。此法将各种思想抽出其特色，分为若干派。例如儒家思想，自孔子起，继以七十子后学者，继以孟子、荀卿、董仲舒……等等。法家思想，自管仲、子产起，次至商鞅、韩非……乃至末流之晁错、诸葛亮等等,以类论次。此法长处,对于一学派之思想渊源——其互相发明递为蜕变及大派中所含支派应时分化之迹,易于说明。各派对于具体问题所主张,亦易于比较。其短处,在时代隔断。例如先述儒家,次述道家,则与孔子时代相次之老子,须于荀卿、董仲舒……诸人叙毕乃能论及,对于思想进化次第,难以说明。又各派末流相互影响甚多,归类难以正确。又数大派之外,其有独立思想而势力较微者,容易漏略。

以上三法,各有短长,好学深思之士,任取一法为研究标准,皆可以成一有价值之名著也。

政治思想与其他思想之关系,兹更当一言。第一,凡伟大之学者必有其哲学上根本观念,而推演之以论政治,故欲研究先秦各派之政治思想,最少亦须对于彼之全体哲学,知其梗概。第二,政治与经济,原有密切不可离之关系。吾国夙崇"政在养民"之训,政论及政策,尤集中于人民生计,故政治思想与经济思想,实应融冶一炉以从事研究。第三,政治思想之深入国民意识中者,恒结晶为法律及制度,而政治之活力,常使晶体的法制生动摇,故两者相互之机括,又治斯学者所最宜注意也。

复次,论研究者所当持之态度,科学所以成立,全恃客观的研究精神。社会科学比诸自然科学完成较晚者,因社会事顷,最易惹起吾人主观的爱憎,一为情感所蔽,非惟批评远于正鹄,且并资料之取舍亦减其确实性也。一切社会科学皆然,而政治上理论,出入主奴之见尤甚。中国唐宋以后学者,所谓"正学异端"、"纯王杂霸"、"君子小人"之论嚣然,而斯学愈不可复理。吾侪既以治史为业,宜常保持极冷静的头脑,专务忠实介绍古人思想之真相,而不以丝豪自己之好恶夹杂其间,批评愈少愈妙,必不得已而用,亦仅采引申说明的态度,庶乎有当也。此其一。

国故之学,曷为直至今日乃渐复活耶? 盖由吾侪受外来学术之影响,采彼都治学方法以理吾故物。于是乎昔人绝未注意之资料,映吾眼而忽莹；昔人认为不可理之系统，经吾手而忽整；乃至昔人不甚了解之语句，旋吾脑而忽畅。质言之，则吾侪所恃之利器，实"洋货"也。坐是之故，吾侪每喜以欧美现代名物训释古书，甚或以欧美现代思想衡量古人，加以国民自慢性为人类所不能免，艳他人之所有，必欲吾亦有之然后为快。于是尧舜禅让，即是共和；管子轨里连乡，便为自治。类此之论，人尽乐闻。平心论之，以今语释古籍，俾人易晓，此法太史公引《尚书》已用之，原不足为病。又人性本不甚相远，他人所能发明者，安在吾必不能，触类比量，固亦不失为一良法。虽然，吾侪慎勿忘格林威尔之格言"画我须是我"。吾侪如忠于史者，则断不容以己意丝毫增灭古人之妍丑，尤不容以名实不相副之解释，致读者起幻蔽。此在百学皆然，而在政治思想一科，更直接有"生于其心害于其政"之弊，吾侪所最宜深戒也。此其二。

此两种态度，吾能言之而不能躬践之，吾少作犯此屡矣。今虽力自振拔，而结习殊不易尽，虽然，愿吾同学勿吾效也。

今当言吾书之范围，依吾之理想，欲著一部真有价值的中国政治思想史，总须将前文所举四类资料全部分贯穿镕铸之，费两三年精力，成一三四十万言以上之著作，庶几有当。今在此与诸君仅为三个月的讲习，讲义随编随发，势不能作此大举。故将第三类资料殆完全势弃，第二第四类仅撷要作补助，而专集中精力于第一类资料。坐是之故，虽名为中国政治思想史，实则叙述先秦思想什居其七。严格论之，实当名为先秦政治思想史。其涉及汉唐以后者，不过附庸余论。所以然者，以思想家的资格创造思想，惟先秦诸哲独擅其能，故根据第一类资料以著书，入汉遂暗然无色。史实如此，未如之何也。然此不足为完书，自不待言，吾冀他日或有力续成之，吾尤望吾同学中倘有人全部改作之。

前所列三种研究法，本书第二时代的第三宗派的两种并用。全书大略以时代为次，惟春秋战国间各国学派壁垒鲜明，为欲表出各派特色故，对于儒墨道法四家以派别相从，其不名一家者则附于后焉。第一种问题的方法与本书范围不宜，故不用。惟问题之重要而有趣者，时或为简单的贯串叙述，附录各章节之末。

　　附言：本书讲述伊始，其组织计划本如上。嗣以时间不敷且复婴病，故将汉以后全部阁舍，并改正其名曰《先秦政治思想史》矣。此文不复改正，以存经过之迹云尔。

　　　　　　　　　　　　　　　　　　十二年一月再版自记

前　　论

第一章 时代背景及
研究资料

我国政治思想，自孔、老、墨三圣以后，始画然标出有系统的主张，成为一家言。前此则断片的而已。虽然，后起的学说，必有所凭借然后能发挥光大，故欲知思想渊源，非溯诸三圣以前不可。本章所叙述者，起唐虞以迄春秋中叶。此时代又当大别为三期。

第一，部落期：唐虞迄殷末约千余年。

第二，封建期：西周约三百年。

第三，霸政期：周东迁后至孔子出生前约二百年。

第一期，部落分立。大部落之首长谓之元后，小者谓之群后。元后或称帝或称王，其实与群后地丑德齐，不过名义上认为共主。每部落人数似甚少，其生活似甚简单，其智识似未脱半开之域。因地广人稀之故，各部落相互的斗争，似不甚烈。其间以夏商两朝保持元后资格最久，而唐、虞、周之先后三期，实亦千余年间以群后资格同时存在。

第二期，周以西方一小部落，崛起代殷为元后。有大政治家周公者，立大规画以统一当时之所谓天下，"灭国五十"，分封子弟及功臣使与旧部落相错，而周室以邦几千里管其枢，形成有系统的封建政治。其时各部落民智本已日辟，而周公复"监于二代"、"制礼作乐"，实行其保育政策，故宗周文化号称极盛。所封建之国，以巡狩及朝觐等关系，常受中央指挥以增长其文化。百余年后，政令渐衰，诸侯不共，宗周卒为一异族名犬戎者所灭。

第三期，以封建之结果，各地方分化发展。如齐、晋、鲁、卫、宋、郑等国，各自树立；一面许多异民族——即当时所谓夷狄者，亦皆有相当的进步，纷起与诸夏抗衡。就中如秦、楚等，尤为特出。于是文化成为多元的，诸大国盛行兼并。不惟夏商以来之部落不能图存，即周初所建屏藩亦鲜克保。于是封建之局破，各国以联盟的形式互相维系，而强有力之二三国为之盟主，形成所谓霸政者。在霸政之下，各国以会盟征伐等关系，交通盛开，文化亦以益浚。而各国以内部发达之结果，产生一种特别智识阶级，遂成为贵族政治。此期中之政治组织，虽各国不尽从同，然大率皆由少数贵族以合议制（？）行之，其间最著名之政治家，其所设施能诒后代以甚大之影响者，有齐之管仲与郑之子产。

吾侪欲研究此三期之政治思想，当据何等资料耶？第一期可据者最少，自不待言。孔子欲观夏道殷道，亲诣其遗裔杞宋二国，而慨叹于文献不足征，则其史料之乏可想见，而前乎此者益可想见。后世谶纬诸书言三皇五帝事甚多，皆秦汉间阴阳家言，矫诬不可信。大小戴两《礼记》，屡言夏殷制，亦儒家后学推定之文，孔子明言不足征者，而其徒能征之，诞矣。第二期资料宜较多，实亦不然。除群经外，惟《逸周书》六十篇，然亦真赝参半。盖当时简册流传不易，虽有记载，传后者希也。第三期资料，当时或甚丰富，自秦始皇焚"诸侯史记"，荡然无复余，惟从《左传》《国语》《史记》中见其什一耳。今将此三期研究资料列举如下：

一、《诗经》。此书最可信，其中属于第一期者惟《商颂》五篇，属于第三期者约三四十篇，其余二百余篇，大率皆属于第二期。书中具体的表现政治思想者不甚多，惟于研究时代背景最有关系。

二、《尚书》。今本五十余篇，其一部分为东晋人伪造，真者二十八篇而已（今本尚有分合失真者），其中《虞夏书》四篇，《商书》五篇，属第一期，又《周书》中《秦誓》一篇属第三期。余十八篇之《周书》，皆属第二期。此书为研究商周两代政治思想唯一之宝典,惟《虞夏书》之《尧典》、《皋陶谟》《禹贡》三篇,似出后人追述,内中一部分应属于第三期思想之系统。

三、易卦辞爻辞。《易经》中此一部分,为第二期作品,《系辞传》所谓"当殷之末世周之盛德"也。其中表现政治思想者甚少,惟子细搜剔,可借觇时代意识之一部。

四、《仪礼》。此书为第二期或第三期作品,但与政治思想关系甚浅。

五、《逸周书》。内中十余篇,略推定为第二期作品,余则战国及汉人窜入。其真之一部分,应认为与《尚书》有同等价值,内所含政治思想颇多。

六、《国语》及《左传》。二书相传为左丘明所作。左丘明相传为孔子弟子,然《左传》有战国以后语,似作者年代尚应稍后。又司马迁所见只有《国语》,其《左传》乃西汉末晚出,似是将《国语》割裂而成,又间有伪文窜入。要之此两书宜作一书读,其书为春秋末年或战国初年人所著,记西东二周史迹,而春秋时尤详,实研究第三期政治状况及政治思想唯一之良著也。其中追述第一二期事迹者亦较可信凭。

七、《史记》。汉司马迁所著。书中关于春秋以前之记载,大率取材于《尚书》《国语》,其间有出入者,宜分别审择。

八、其他百家语。先秦诸子及载记中关于春秋以前事语之记述尚不少,吾侪对于此等资料信任之程度,第一,须辨原书之真伪,其伪者宜绝对排弃;第二,虽真书所称道,仍须细加甄别,因先秦著作家托古之风甚炽也。

此外,此时代之资料最成问题者有二书:

一、《周官》,亦称《周礼》。后儒多称为周公致太平之作,然其书西汉末晚出,当时学者多指为伪品,近代疑议益滋。据吾侪所推断,其必非周公作,盖成信谳,然谓全部为汉人赝托抑又不类,意其中一部分或为西周末厉宣时代制度,一部分则春秋战国时列国所行。汉人杂糅此二者,而更附益其一部分,此不过吾侪所想像,未敢征信。即尔,而此三部分之分析抉择,亦大非易。故此书资料虽多,宜从割爱,或别著一篇,题曰"表现于《周官》中之政治思想",庶不失阙疑传信之谊也。

二、《管子》。今本《管子》八十六篇,盖刘向所校中秘书之旧。自司马迁以来,即认为管仲所作。然中多记管仲死后事,且以思想系统论,其大部分必为战国末叶作品无疑,最多则《牧民》、《山高》、《乘马》等篇篇首或有一两段传管仲口说耳。要之管仲人物之价值,不在其为学者而在其为政治家,若以彼与尹文、韩非同视,斯大误矣。本书言政治思想精到处甚多,只能归入战国法家之林,不应以入本时代也。书中叙管仲政绩亦多铺张,不可尽信,无已,则取其与《国语》相出入者信之可耳。

本篇所采资料,以《诗经》、《尚书》、《国语》、《左传》为主,而慎挥其余,庶几可以寡过云尔。

第二章　天　道　的　思　想

　　凡国家皆起源于氏族。族长为一族之主祀者,同时即为一族之政治首长,以形成政教合一的部落。宇内古今各国之成立,莫不经过此阶级,中国亦其一例也。记中国最初之社会组织者,当以《国语·楚语》观射父之言为近真,其言曰:

　　　　古者民神不杂,民之精爽不携贰者,而又能齐肃衷正,其知能上下比义,其圣能光远宣朗,其明能光照之,其聪能听彻之。如是则明神降之,在男曰觋,在女曰巫,是使制神之处位次主,而为之牲器时服。而后使先圣之后之有光烈,而能知山川之号、高祖之主、宗庙之事、昭穆之世……而敬恭明神者以为之祝。使名姓之后,能知四时之生、牺牲之物……坛场之所,上下之神氏姓之,出而心率旧典者为之宗。于是乎有天地神民类物之官,谓之吾官,各司其序,不相乱也。民是以能有忠信,神是以能有明德。……

吾侪今日读此,孰不以巫觋祝宗等为不足齿之贱业。殊不知当时之
"巫",实全部落之最高主权者。
其人"聪明圣智",而"先圣之后"、
"名姓之后"皆由彼所"使"以供其
职。而所谓"五官"者,又更在其
下,盖古代政教合一之社会,其组
织略如此。彼时代殆无所谓政治

> 《楚语》所述,谓少昊前制度如此。少昊时九黎乱德,破坏此制,颛顼修复之。其后三苗又破坏此制,尧修复之云云。虽属神话,然古代我族与苗族之争,实含有宗教战争的意味,可于此略窥消息也。

理想,藉曰有之,则神意必其鹄也。

其时之神,一耶多耶?以理度之,盖为多神。观文中"上下之神氏姓所出"一语,则知其神纯属"拟人"者,且遍于上下,其族孔繁。然而此种思想几经洗炼蜕变,至有史时代,而最高一神之观念已渐确立,其神名之曰天、曰上帝。于是神意政治进为天意政治,吾得名之曰天治主义。

关于天之观念,亦随时代而进化。古代之天,纯为"有意识的人格神",直接监督一切政治。此种观念,在古籍中到处表现,如《诗经》:

> 皇矣上帝,临下有赫,监观四方,求民之莫。(《皇矣》)
> 有周不显,帝命不时,文五陟降,在帝左右。(《文王》)
> 其香始升,上帝居歆,胡臭亶时,后稷肇祀。(《生民》)
> 帝省其山,柞棫斯拔,松柏斯兑,帝作邦作对。……帝谓文王,无然畔援,无然歆羡……(《皇矣》)

如《书经》:

> 苗民弗用灵……惟作五虐之刑……杀戮无辜。……上帝监民,罔有馨香德,刑发闻惟腥,皇帝哀矜庶戮之不辜,报虐以威,遏绝苗民,无世在下。……皇帝清问下民,鳏寡有辞于苗。……上帝不蠲,降咎于苗,苗民无辞于罚,乃绝厥世……(《吕刑》)
> 闻于上帝,帝休,天乃大命文王,殪戎殷。(《康诰》)
> 夫知保抱携持厥妇子,以哀吁天。……呜呼,天亦哀于四方民,其眷命用懋。(《召诰》)

两《经》中若此类文字甚多,其详具如下文"附录一"所列举。要之古代思想,极为素朴,其对于天之观念,与希伯来《旧约全书》所言酷相类。天有感觉有情绪有意志,与人无殊,常直接监察或指挥人类之政治行动。若此者亦得名之曰具象的且直接的天治主义。

人类理智日进，此种素朴思想不足以维系，于是天之观念，逐渐醇化而为抽象的。所谓"维天之命于穆水已"（《诗·维天之命》），所谓"上天之载无声无臭"（《文王》）。所谓"穆穆在上，明明在下，灼于四方"（《书·吕刑》）。诸如此类，其所谓天者，已渐由宗教的意味变为哲学的意味。而后世一切政治思想之总根核，即从比发轫。

此明明穆穆之抽象的天，何由与吾侪人类生关系耶？吾先民以为宇宙间有自然之大理法，为凡人类所当率循者。而此理法实天之所命。《烝民》之诗曰："天生烝民，有物有则，民之秉彝，好是懿德。"

孟子释之曰："有物必有则，民之秉彝也，故好是懿德。"再以今语释之，则谓凡一切现象，皆各有其当然之法则，而人类所秉之以为常也。故人类社会唯一之义务在"顺帝之则"（《皇矣》）。

然则所谓"帝之则"者如何能示现于吾侪耶？其在《书·洪范》曰：

> 我闻在昔，鲧堙洪水，汩陈其五行，帝乃震怒。不畀洪范、九畴，彝伦攸斁，鲧则殛死，禹乃嗣兴。天乃锡禹洪范九畴，彝伦攸叙。（《洪范》）

> 《尚书·洪范》郑康成注云："洪范，大典也。"以今语释之，即宇宙大法则的意味。古籍中有系统的哲理谭，此篇为最古者之一。

上所说者，恰如《旧约》书中摩西在西奈山上受十戒于上帝，其为神话的而非历史的，自无待言。虽然，此神话在国民思想上有绝大意味焉，盖"人格神"，与"自然法"一致之观念从此确立。申言之，则宗教的"神"成为哲学的"自然化"也。《周语》述王子晋之言曰：

> 伯禹釐改制量，象物天地，比类百则，仪之于民，而度之于群生……克厌帝心，皇天嘉之，胙以天下。

此正释《洪范》语意，"比类百则，仪之于民"，即"帝则"之假手于人以实现也。此观念最圆满表示者，如《尚书·皋陶谟》所说：

> ……天工，人其代之，天叙有典，敕我五典五惇哉。天秩有礼，自我五礼有庸哉。……天命有德，五服五章哉。天讨有罪，五刑五用哉。政事，懋哉懋哉。

> 《皋陶谟》为今文二十八篇之一，其为孔子以前之真经固无问题。然吾辈颇疑所谓《虞夏书》者实周以后所追述，兹事吾将别有论列。故此所引者，应认为商周间一种进步的思想。

则也，范也；叙也，秩也，皆表自然法则之总相。因则而有彝，因范而有畴，因叙而有典，因秩而有礼，则自然法则之演为条理者也。此总相即后此儒家道家之所谓道。其条理，则后此儒家之所谓礼，法家之所谓法也。而其渊源则认为出于天，前此谓有一有感觉、有情绪、有意志之天直接指挥人事者，既而此感觉情绪意志，化成为人类生活之理法，名之曰天道。公认为政治所从出而应守，若此者，吾名之曰抽象的天意政治。

附录一　天道观念表现于《诗》、《书》两经者

乃命羲和，钦若昊天……敬授民时。（《尧典》）

肆类于上帝，禋于六宗，望于山川，遍于群神。（同上）

钦哉，惟时亮天功。（同上）

天工，人其代之，天叙有典，敕我五典五惇哉。天秩有礼，自我五礼有庸哉……天命有德，五服五章哉。天讨有罪，五刑五用哉。……（《皋陶谟》）

天聪明，自我民聪明。天明畏，自我民明威。（同上）

惟动丕应徯志，以昭受上帝，天其申命用休。（《益稷》）

非台小子，敢行称乱。有夏多罪，天命殛之。……夏氏有罪，予畏上帝不敢不正。……尔尚辅予一人，致天之罚。(《汤誓》)

先王有命，恪谨天服。(《盘庚上》)

予迓续乃命于天。(《盘庚中》)

惟天监下民。典厥义，降年有永有不永，非天夭民，民中绝命。民有不若德不听罪，天既孚命正厥德，乃曰：其如台。(《高宗肜日》)

天既讫我殷命。……故天弃我，不有康食，不虞天性，不迪率典。今我民罔弗欲丧，曰：天曷不降威。……王曰：我生不有命在天？祖伊反，曰：呜呼！乃罪多参在上，乃能责命于天？(《西伯戡黎》)

天毒降灾荒殷邦。(《微子》)

惟天阴骘下民，相协厥居。……我闻在昔，鲧堙洪水，汨陈其五行，帝乃震怒。不畀洪范、九畴，彝伦攸斁，鲧则殛死，禹乃嗣兴。天乃锡禹洪范、九畴，彝伦攸叙。(《洪范》)

天降割于我家，不少延。……其有能格知，天命……予不敢闭于天降威用。(《大诰》)

予惟小子，不敢替上帝，天休于宁王，兴我小邦周……今天其相民，矧亦惟卜用，呜呼，天明畏弼我丕丕基。(同上)

天閟毖我成功所，予不敢不极率宁王图事。……天棐忱辞，其考我民。……天亦惟用勤毖我民。(同上)

迪知上帝命，越天棐忱。尔时罔敢易法，矧今天降戾于周邦。……尔亦不知天命不易？(同上)

天惟丧殷……天亦惟休于前宁人。……天命不僭。(同上)

我西土惟时怙冒，闻于上帝，帝休。天乃大命文王殪戎殷。(《康诰》)

天畏棐忱，民情大可见。(同上)

亦惟助王宅天命，作新民。(同上)

天惟与我民彝大泯乱。(同上)

爽惟天其罚殛我，其不怨，凡厥罪无在大，亦无在多，矧曰其尚显闻于天。(同上)

27

惟天降命,肇我民。(《酒诰》)

越殷国灭无罹,弗惟德馨香祀登闻于天……庶群自酒,腥闻于天,故天降丧于殷,罔爱于殷。……天非虐,惟民自速辜。(同上)

皇天既付中国民越厥疆土于先王。(《梓材》)

皇天上帝改厥元子。(《召诰》)

天既遐终大邦殷之命,兹殷多先哲王在天……夫知保抱携持厥妇子,以哀吁天……天,亦哀于四方民,其眷命用懋。(同上)

有王虽小,元子哉。……王来绍上帝,自服于中土,旦曰:其作大邑,其自时配皇天。(同上)

若生子,罔不在厥初生,自余哲命,今天其命哲,命吉凶,命历年……王其德之用,祈天永命。(同上)

王如弗敢及天基命定命……公不敢不敬天之休。(《洛诰》)

旻天,大降丧于殷,我有周佑命,将天明威,致王罚。敕殷命终于帝,肆尔多士,非我小国敢弋殷命,惟天不畀,允罔固乱。……惟帝不畀,惟我下民秉为,惟天明畏,我闻曰:上帝引逸,有夏不适逸,则惟帝降格向于时夏,弗克庸帝大淫泆有辞。惟时天罔念闻,厥惟废元命降致罚,乃命尔先祖成汤革夏。……亦惟天丕建,保乂有殷,殷王亦罔敢失帝罔不配天其泽,在今后嗣王,诞罔显于天……罔顾于天显民祗,时惟上帝不保,降若兹大丧。……今惟我周王丕灵承帝事,有命曰割殷,告敕于帝。……予亦念天即于殷大戾……非我一人奉德不康宁,时惟天命无违。(《多士》)

天命不易,天难谌。(《君奭》)

我闻在昔,成汤既受命,时则有若伊尹,格于皇天。……在大戊,时则有若伊陟、臣扈,格于上帝。……故殷礼陟配天,多历年所。(同上)

在昔上帝割申劝宁王之德,共集大命于厥躬。……乃惟时昭文王,迪见冒,闻于上帝。惟时受有殷命哉。(同上)

惟帝,降格于夏,有夏诞厥逸。……不克终于帝之迪。……厥图帝之命不克开于民之丽,乃大降罚,崇乱有夏。……天惟时求民主,乃大降显休命于成汤,刑殄有夏。……今至于尔辟,弗克以尔多方享天之命。……非天庸释有夏,非天庸释有殷,乃惟尔辟以尔多方大淫图天之命,天惟五年须暇之子孙,诞作民主,罔可念听。天惟求尔多方,大动以威,开厥顾天,惟尔多方,罔堪顾之,惟我周王。……克堪用德,惟典神天,天惟式教我用休,简畀殷命,尹尔多方。(《多方》)

民兴胥渐,泯泯棼棼。……方告无辜于上,上帝监民,罔有馨香德,刑发闻惟腥,皇帝哀矜庶戮之不辜,报虐以威。(《吕刑》)

上帝不蠲,降咎于苗,苗民无辞于罚,乃绝厥世。(同上)

以上《书经》

昊天不佣,降此鞠凶,昊天不惠,降此大戾。

不吊昊天,乱靡有定,式月斯生,俾民不宁。

昊天不平,我王不宁,不惩其心,覆怨其正。(《节南山》)

下民之孽,匪降自天,噂沓背憎,职竞由人。

天命不彻,我不敢效,我友自逸。(《十月之交》)

浩浩昊天,不骏其德,降丧饥馑,斩伐四国。昊天疾威,弗虑弗图,舍彼有罪,既伏其辜,若此无罪,沦胥以铺。

如何昊天,辟言不信,如彼行迈,则靡所臻。凡百君子,各敬尔身,胡不相畏,不畏于天。(《雨无正》)

昊天疾威,敷于下土,谋犹回遹,何日斯沮。(《小旻》)

各敬尔仪,天命不又。(《小宛》)

悠悠昊天,曰父母且,无罪无辜,乱如此忧,昊天已威,予慎无罪,昊天泰忧,予慎无辜。(《巧言》)

明明上天,照临下土。(《小明》)

文王在上,于昭于天,周虽旧邦,其命维新,有周不显,帝命不时,文王陟降,在帝左右。

殷之未丧师,克配上帝,宜鉴于殷,骏命不易。

上天之载,无声无臭,仪刑文王,万邦作孚。(《文王》)

明明在下,赫赫在上,天难忱斯,不易维王,天位殷适,使不挟四方。

维此文王,小心翼翼,昭事上帝,聿怀多福,厥德不回,以受方国。

有命自天,命此文王。……笃生武王,保右命尔,燮伐大商。

殷商之旅,其会如林。……上帝临汝,无贰尔心。(《大明》)

皇矣上帝,临下有赫,监观四方,求民之莫。……上帝耆之,憎其式廓,乃眷西顾,此维与宅。

帝省其山,柞棫斯拔,松柏斯兑,帝作邦作对,自大伯王季。

维此王季,帝度其心……比于文王,其德靡悔,既受帝祉。

帝谓文王,无然畔援,无然歆羡,诞先登于岸。

帝谓文王,予怀明德,不大声以色……不识不知,顺帝之则。(《皇矣》)

下武维周,世有哲王,三后在天,王配于京。(《下武》)

厥初生民,时维姜嫄,生民如何,克禋克祀,以弗无子,履帝武敏歆。……其香始升,上帝居歆,胡臭亶时。(《生民》)

上帝板板,下民卒瘅。……

天之方难,无然宪宪,天之方蹶,无然泄泄。……天之方虐,无然谑谑。……天之方懠,无为夸毗。……

敬天之怒,无敢戏豫,敬天之渝,无敢驰驱,昊天曰明,及尔出王,昊天曰旦,及尔游衍。(《板》)

荡荡上帝,下民之辟,疾威上帝,其命多辟,天生烝民,其命匪谌,靡不有初,鲜克有终。

匪上帝不时,殷不用旧。……曾是莫听,大命以倾。(《荡》)

昊天上帝,则不我遗。……昊天上帝,宁俾我遁。……昊天上帝,则不我虞。……瞻卬昊天,云如何里。……瞻卬昊天,曷惠其宁。(《云汉》)

天生烝民,有物有则,民之秉彝,好是懿德。(《烝民》)

昊天疾威,天笃降丧。……民卒流亡,我居圉卒荒,天降罪罟,蟊贼内讧。……实靖夷我邦。(《召旻》)

维天之命,于穆不已,于乎不显,文王之德之纯。(《维天之命》)

天作高山,大王荒之,彼作矣,文王康之。(《天作》)

昊天有成命,二后受之。(《昊天有成命》)

畏天之威,于时保之。(《我将》)

时迈其邦,昊天其子之。(《时迈》)

　　思文后稷,克配彼天……贻我来牟,帝命率育。(《思文》)

　　明昭上帝,迄用康年。(《臣工》)

　　敬之敬之,天维显思。命不易哉,无曰高高在上。陟降厥士,日监在兹。
(《敬之》)

　　天命玄鸟,降而生商。宅殷土芒芒,古帝命武汤,正域彼四方。(《玄鸟》)

　　帝命不违,至于汤齐,汤降不迟,圣敬日跻,昭假迟迟,上帝是祗,帝命式于九
围。(《长发》)

　　天命降监,下民有严,不僭不滥,不敢怠遑。(《殷武》)

以上《诗经》

附录二　天道观念之历史的变迁

　　愈古代则人类迷信的色彩愈重,此通例也。细读《诗》、《书》两经,
案其年代,其对于天道观念变迁之迹,盖略可见。商周之际,对于天之
寅畏虔恭,可谓至极。如《书》之《高宗肜日》、《西伯戡黎》、《大诰》、《康
诰》、《多士》、《多方》,《诗》之《文王》、《大明》、《皇矣》等篇,俨然与《旧
约》之《申命记》同一口吻。迨幽万之交,宗周将亡,诗人之对于天,已大
表其怀疑态度,如"昊天不佣","昊天不惠","昊天不平"(《节南山》),"天
命不彻"(《十月之交》),"浩浩昊天,不骏其德","昊天疾威,弗虑弗图",
"如何昊天,辟言不信"(《雨无正》),"昊天泰怃,予慎无辜","天之方难",
"天之方蹶","天之方虐","天之方憸"(《板》),"疾威上帝,其命多辟"
(《荡》),"昊天上帝,宁俾我遁","瞻卬上帝,曷惠其宁"(《云汉》)。诸如此
类,对于天之信仰,已大摇动。盖当丧乱之际,畴昔福善祸淫之恒言,事
实上往往适得其反。人类理性日渐开拓,求其故而不得,则相与疑之。
故春秋时一般思想之表现于《左传》者,已无复称说天意之尊严,其事理

之不可解者,则往往归诸鬼神术数。而有识之士,益不屑道。子产斥裨灶之言曰:

> 天道远,人道迩,非所及也。何以知之? 灶焉知天道,是亦多言矣,岂不或信。(《左昭十八》)

此论可以代表当时贤士大夫之心理矣,及老子用哲学家眼光,遂生出极大胆的结论,所谓:

> 天地不仁,以万物为刍狗。

此语骤读,若甚骇人,其实视诗人之斥天为不惠、不平、不彻、不骏其德、辟言不信、其命多辟……者,曾何以异? 此无他,神权观念,惟适用于半开的社会,其不足以餍服春秋战国时之人心,固其所也。孔子持论最中庸,亦云:

> 先天而天弗违。(《易·文言》)

与古代传统的天道观念抑大别矣。惟墨子纯为一宗教家,毅然复古,《天志》诸篇所说,确为商周以前思想,而此论已不复能适用于当时之社会。及战国末而人智益进,荀子遂大声疾呼谓:

> 大天而思之,孰与物畜而制裁之;从天而颂之,孰与制天命而用之。(《天论》篇)

此实可谓人类对于天之独立宣言,非惟荀子,当时一般思想家之观念,殆皆如是矣。其后,董仲舒又采墨氏天志论以释儒家言,其著书专言"天人相与之际",两汉学者,翕然宗之。此为天道说之第二次复古运动。然与方士派之鬼神术数说转相杂糅,其在学问上之价值,亦愈低落矣。千年间关于此事之思想变迁略如此。下文述各家学说时当别有所论列,今欲学者对于本问题先获有较明了的观念,辄类举其梗概如上。

第三章　民　本　的　思　想

　　天的观念与家族的观念互相结合，在政治上产生出一新名词焉，曰"天子"。天子之称，始于《书经》之《西伯戡黎》，次则《洪范》，次则《诗经》《雅》、《颂》中亦数见，《洪范》曰：

> 天子作民父母以为天下王。

此语最能表出各代"天子"理想之全部。天子者即天之子，《诗》所谓"昊天其子之"也。一面为天之子，一面又为民之父母。故《诗》亦曰："岂弟君子民之父母。"有此天子以"格于上下"（《尧典》）而为之媒介，遂以形成一"天人相与"之大家族，此古代政治上之最高理想也。邃古之"巫觋政治"，不过凭附一人以宣达天意，政治完全隶属于宗教之下。此种"天子政治"，则认定一人以执行天意，故曰"天工人其代之"。天而有代理人，则政教分离之第一步也。若此者，吾名之曰间接的天治主义。

　　然则天子与人民为相对的阶级耶？是又不然。《召诰》之言曰："皇天上帝，改厥元子。"元子者何？众子之长也。人人共以天为父，而王实长之云尔。元子而常常可以改，则元子与众子之地位原非绝对的。质言之，则人人皆可以为天子也。此种人类平等的大精神，遂为后世民本主义之总根芽。

　　元子谁改之？自然是天改之。天既有动作，必有意志。天

> 《公羊传》云："谓为天之子也可，谓为母之子也可，尊者取尊称焉，卑者取卑称焉。"此谓人人皆天之子，而王者以尊故专用此名表之云尔。此可为召诰元子义之注脚。

之意志何从见？托民意以见。此即天治主义与民本主义之所由结合也。《书经》中此种理想，已表示得十分圆满。如：

> 天聪明，自我民聪明；天明畏，自我民明威。（《皋陶谟》）
> 天视自我民视，天听自我民听。（《秦誓》逸文孟子引）
> 天畏棐忱，民情大可见。（《康诰》）
> 民之所欲，天必从之。（《秦誓》逸文《左·襄三十一》引）

天子为天之代理人，在天监督之下以行政治，则本来之最高主权属于天，甚明。然此抽象的天，曷由能行使其监督耶？吾先民以为天之知聪明能明威视听，皆假途于人民以体现之。民之所欲恶，即天之所欲恶。于是论理之结果，不能不以人民为事实上之最高主权者。故此种"天子政治"之组织，其所谓天者，恰如立宪国无责任之君主；所谓天子者，则当其责任内阁之领袖。天子对于天负责任，而实际上课其责任者则人民也。晋师旷之言曰：

> 天生民而立之君，使司牧之，勿使失性……天之爱民甚矣，岂其使一人肆于民上。……（《左·襄十四》）

此言君主责任之义，最为痛切明白。而天意既以民意为体现，则君主亦自当以对民责任体现其对天责任。古籍中表示此思想者甚多，如尧之于舜，舜之于禹，皆告以"天之历数在尔躬"，而又云"四海困穷则天禄永终"（《论语·尧曰》）。《盘庚》言"恭承民命"，《召诰》言"顾畏民碞"，皆对于人民积极负现任之精神也。

君主不能践其责任则如之何？人民例得起而易置之，是即体现天意以"改厥元子"也。此种理想，《尚书》、《汤誓》、《牧誓》、《大诰》、《多士》、《多方》等篇，言之最详。后此孔孟之徒，主张革命为人民正当权利，其思想实渊源于此。

革命不可常也。然则平时所以体现民意者奈何，我先民则以采纳舆论为不二法门，所谓"史载书，瞽陈诗，工诵箴谏，士传言，庶人谤"……等等，皆舆论机关也。古代贤士大夫，盖绝对主张言论自由，故周厉王监谤，召穆公非之曰：

> 防民之口，甚于防川……夫民虑之于心而宣之于口，成而行之，胡可壅也。(《周语》)

郑人游于乡校以议执政，或劝子产毁校，子产曰：

> 夫人朝夕退而游焉，以议政之善否，其所善者吾则行之，其所恶者吾则改之，是吾师也。若之何毁之？(《左·襄三十二》)

此皆尊重舆论之明训也。然亦非谓舆论当绝对的盲从。《左传》曾记栾书一段谈话如下：

> 或谓栾武子曰：圣人与众同欲，是以济事，子盍从众？子为大政，将酌于民者也。……《商书》曰：三人占，从二人，众故也武子曰：善钧从众，夫善，众之主也。(《左·成六》)

读此一段，可以知吾先民对于"多数取决之制度"，作何等观念。多数取决，为现代议会政治一铁则，良无他道足以易之。然谓多数所赞者必与国利民福相应，则按诸理论与征诸史迹而皆有以明其不然也。栾书之言谓两善相均则从众，果能如此，真可以现出理想的好政治，独惜言之易而行之难耳。

古代之民本主义，曾否实现，用何种方法实现，实现到若何程度，今皆难确言。《盘庚》有"王命众悉至于庭"语，《大诰》《多士》《多方》等篇，一读而知为周公对群众之演说辞。以此推之，或如希腊各市府之"全民会议"。盖古代人少，实有此可能性也。《洪范》所谓"谋及庶人"，殆遵此道。《周官·小司寇》条下云：

掌外朝之政,以致万民而询焉。一曰询国危,二曰询国迁,三曰询立君。

《周官》虽不可尽信,然此制似属古代所常行,盖《左传》及他书,尚屡见其迹。"卫灵公将叛晋,朝国人问焉,曰:'若卫叛晋,晋五伐我,病何如矣?'皆曰:'五伐我我犹可以能战。'曰:'然则如叛之,……'"(《左·定八》)"吴之入楚也,陈怀公朝国人,问焉,曰:'欲与楚者右,欲与吴者左。'……"(《左·哀元》)此皆询国危之例也。"晋惠公为俘于秦,使吕饴甥朝国人,……告曰:'孤虽归,辱社稷矣。其卜贰圉也。'众皆哭。"(《左·僖十五》)"周王子朝之难,晋侯使士景伯莅问周故,士伯立于乾祭而问于介众。"(《左·昭二十四》)此皆询立君之例也。前所举盘庚将迁殷,"命众悉至于庭",又孟子称太王将迁岐,"属其耆老而告之",此皆询国迁之例也。由此观之,古代人民,最少对于此三项大政确有参与之权利。此种方法,在人口稍多的国家,当然不可行。故战国以后,无得而稽焉。要而论之,我先民极知民意之当尊重,惟民意如何而始能实现,则始终未尝当作一问题以从事研究。故执政若远反民意,除却到恶贯满盈群起革命外,在平时更无相当的制裁之法,此吾国政治思想中之最大缺点也。

附录三　民本思想之见于《书经》、《国语》、《左传》者

皋陶曰:都!在知人,在安民……安民则惠,黎民怀之。(《皋陶谟》)

天聪明,自我民聪明,天明畏,自我民明畏。(同上)

盘庚迁于殷,民不适有居,率吁众戚出,矢言曰:我王来,既爰宅于兹,重我民,无尽刘,不能胥匡以生……盘庚敩于民,由乃在位。……(《盘庚》)

古我前后，罔不惟民之承。（同上）

朕及笃敬，恭承民命，用永地于新邑。（同上）

今我民，罔不欲丧，曰：天曷不降威，大命不挚。（《西伯戡黎》）

皇建其有极，敛时五福，用敷锡厥庶民，惟时厥庶民于汝极。（《洪范》）

天子作民父母以为天下王。（同上）

汝则有大疑，谋及乃心，谋及卿士，谋及庶人。……（同上）

庶民惟星，星有好风，星有好雨。（同上）

天棐忱辞，其考我民。（《大诰》）

惟乃丕显考文王，克明德慎罚。不敢侮鳏寡，庸庸祗祗威威显民。（《康诰》）

天畏棐忱，民情大可见……亦惟助王宅天命，作新民。（同上）

其丕能諴于小民，今休，王不敢后，用顾畏于民碞。（《召诰》）

凡民惟曰不享，惟事其爽侮。（《洛诰》）

惟我下民秉为，惟天明畏。（《多士》）

其在祖甲，不义惟王。旧为小人，作其即位。爰知小人之依，能保惠于庶民，不敢侮鳏寡。（《无逸》）

厥或告之曰：小人怨汝詈汝，则皇自敬德。厥愆曰：朕之愆。（同上）

以上《书经》

人视水见形，视民知治不。（《史记·殷本纪》引《汤诰》）

民非后无能胥以宁，后非民无以辟四方。（《礼记·表记》引《大甲》）

天视自我民视，天听自我民听。（《孟子》引《泰誓》）

民之所欲，天必从之。（《左·襄三十一》引《泰誓》）

众非元后何戴，后非众无以守邦。（《周语》引《夏书》）

民善之，则畜也，不善之，则雠也。（《吕氏春秋·适威》篇引《周书》）

以上《逸书》

商王帝辛，大恶于民，庶民弗忍。欣戴武王以致戎于商牧，是先王非务武也。勤恤民，隐而除其害也。（《周语》记祭公谋父语）

防民之口，甚于防川；川壅而溃，伤人必多。民亦如之。是故为川者决之使导，为民者宣之使言。……夫民虑之于心而宣之于口，成而行之，胡可壅也。若壅

其口,其与能几何?（《周语》记召公语）

先王知大事之必以众济也,故被除其心以和惠民。（《周语》记内史过语）

谚曰:兽恶其网民恶其上。书曰:民可近也而不可上也……是则圣人知民之不可加也。故王天下必先诸民,然后庇焉。（《周语》记单襄公语）

天所崇之子孙或在畎亩,由欲乱民也。畎亩之人或在社稷,由欲靖民也。（《周语》记太子晋语）

成王不敢康,敬百姓也。（《周语》记叔向语）

民不给将有远志,是离民也。……将民之与处而离之,……则何以经国。（《周语》记单穆公语）

民所曹好(韦注:曹群也。),鲜其不济也。其所曹恶,鲜其不废也。故谚曰:众心成城,众口铄金。（同上）

晋人杀厉公,边人以告。(鲁)成公在朝,公曰:臣杀其君,谁之过也? 大夫莫对。里革曰:君之过也。夫君人者,其威大矣。失威而至于杀,其过多矣。且夫君也者,将牧民,而正其邪者也。若君纵回而弃民事……将安用之? 桀奔南巢,纣踣于京,厉流于彘,幽灭于戏,皆是术也。（《鲁语》）

昔者之伐也,起百姓以为百姓也。是以民能欣之,故莫不尽忠极劳以致死。（《晋语》记史苏语）

民之有君,以治义也。义以生利,利以丰民。若之何其民之与处而弃之也。（《晋语》记里克语）

长民者无亲,众以为亲。（《晋语》）

民,天之生也,知天必知民矣。（《楚语》记子革语）

以上《国语》

国将兴,听于民;将亡,听于神。（《庄·三十二》记史嚚语）

或谓栾武子曰:圣人与众同欲,是以济事。子盍从众,子大为政,将酌于民者也。……《商书》曰:三人占,从二人,众故也? 武子曰:善钧从众。夫善,众之主也。……（《成·六》）

师旷侍于晋侯。晋侯曰:卫人出其君不亦甚乎? 对曰:或者其君实甚。良君将赏善而刑淫。养民如子,盖之如天,容之如地。民奉其君,爱之如父母,仰之如日月,敬之如神明,畏之如雷霆,其可出乎? 夫君,神之主,而民之望也。若困民之生,匮神之祀,百姓绝望,社稷无主,将安用之,弗去何为? 天生民,而立之君使司牧之,勿使失性。有君而为之贰,使师保之,勿使过度。……史为书,瞽为诗,工诵箴谏,大夫规诲,士传言,庶人谤,商旅于市,百工献艺,……谏失常也。天之爱民甚矣。岂其使一人肆于民上,以从其淫而弃天地之性,必不然矣。(《襄·十四》)

夫上之所为,民之所归也。上所不为而民或为之,是以加刑罚焉,而莫敢不惩。若上之所为而民亦为之,乃其所也,又可禁乎?(《襄·二十一》记臧武仲语)

君民者岂以陵民,社稷是主;臣君者岂为其口实,社稷是养。(《襄·二五》晏婴语)

郑人游于乡校以议执政,然明谓子产曰:毁乡校如何? 子产曰:何为? 夫人朝夕退而游焉,以议执政之善否。其所善者吾则行之,其所恶者吾则改之,是吾师也,若之何毁之? ……(《襄·三十二》)

好恶不愆,民知所适,事无不济。(《昭·十五》记叔向语)

郑子产作丘赋,国人之谤之。……子宽以告,子产曰:何害? 苟利社稷,死生以之。吾闻为善者不改其度,故能有济也。民不可逞,度不可改,诗曰:礼义不愆,何恤于人言,吾不迁矣。(《昭·四》)

子产有疾,谓子太叔曰:……唯有德者能以宽服民,其次莫如猛,夫火烈,民望而畏之,故鲜死焉。水懦弱,民狎而玩之,故多死焉。(《昭·二十》)

以上《左传》

据上所列举以校其年代,则知商周以前,民本主义极有力,西周之末尚然,东迁以后渐衰,至春秋末几无复道此者。此固由霸政骤兴之结果,抑亦当时贵族常滥用民意以倾公室,故不为贤士大夫所许。观晏婴、叔向之论齐晋贵族,子家之论鲁贵族,可见矣。

晏婴叔向语见《左传·昭三年》,子家语见《昭二十五年》

第四章　政治与伦理之结合

前既言之矣，凡国家皆起源于氏族，此在各国皆然。而我国古代，于氏族方面之组织尤极完密，且能活用其精神，故家与国之联络关系甚圆滑，形成一种伦理的政治。《尚书·尧典》曰：

> 克明俊德，以亲九族，九族既睦，平章百姓。

九族者，上推高、曾，下逮曾、玄，《丧服小记》所谓"亲亲以三为五以五为九"，由本身推算亲属也。百姓者，《楚语》云：

> 所谓百姓……者何也？……民之彻官百。王公之子弟之质能言能听彻其官者，而物赐之姓。……是为百姓。

《尧典》此文，"百姓"与下"黎民"对举。《国语》屡言"百姓"，皆与"兆民"对举，是古代"百姓"，实为贵族专名，然则姓何自来耶？《楚语》此文言"物赐之姓"，《左传》亦云"天子建德，因生以赐姓"（《隐八》），是谓姓为天子所赐。然《周语》又云：

> 伯禹……克厌帝心，皇天嘉之。胙以天下，赐姓曰姒。……胙四岳国，命为侯伯，赐姓曰姜。……

是又谓天子与侯伯之姓，并由天所赐。其实"姓"字从女生，《说文》云："人所生也。"初民社会，先有母系然后有父系，邃古部落，皆从母以奠厥居，因各以所属母为徽别，故著姓如姚、姒、姬、姜、嬴、嫚、姞、妊，字皆从女。百姓即群部落之义，言百者举大数耳。各姓之长，皆名曰"后"。其位相等夷,故曰"群后"。后世谓之诸侯"群后"中有功德优越者,共戴为"元后",后世谓之天子。"姓"与社会组织之关系略如此。《晋语》云:

> 异姓则异德,异德则异类。……同姓则同德,同德则同心。

然则百其姓者百其类,以今语释之,即一百个种族不同之社会也。故《尧典》以"平章"言百姓,意谓平等调和各异族云尔。

　　唐虞夏商所谓平章百姓者成绩如何,史无征焉。至于周而发明一绝妙之平章法,曰同姓不婚,《礼记·大传》云:

> 系之以姓……虽百世而昏姻不通者,周道然也。

足见夏商以前,未有此禁,有之自周始,质言之,则同种族之人不得互婚,凡婚姻必求诸异族也。此种制度,于我民族之发荣,有绝大影响,盖多数异族血统之混合,即大民族所由醇化也。周人自厉行此制,于是"百姓"相互间,织成一亲戚之网,天子对于诸侯,"同姓谓之伯父,异姓谓之伯舅"(《王制》),《诗》有之:"岂伊异人,兄弟甥舅。"(《伐木》)其大一统政策所以能实现者半由是。此制行之三千年,至今不变。我民族所以能蕃殖而健全者,亦食其赐焉。

　　以上所言者,异族相互间之关系也。若夫同族相互间,更有所谓宗法者以维系之,而组织愈极绵密,《礼记·丧服小记》及《大传》述其梗概如下:

> 别子为祖,继别为宗,继祢者为小宗,有百世不迁之宗,有五世则迁之宗。

周人用此组织以规定各侯国内族属之关系,试为图以表之:

（宗法表）

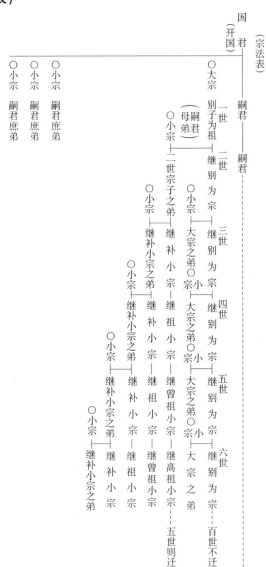

如是一国中，国君之外，更有唯一之百世不迁的大宗，有无数五世则迁的小宗，小宗之宗人，共宗其小宗，群小宗各率其宗人以宗大宗，大宗又率群小宗以宗国君。故《诗》曰："君之宗之。"(《公刘》)言君与宗相待而成治也。荀子曰："大夫士有常宗。"(《礼论》)言大宗也。晋师服曰："大夫有贰宗。"(《左·桓二》)言小宗也。叔向曰："肸之宗，十一族，惟羊舌氏在而已。"(《左·昭三》)言小宗条分广衍，虽迁后仍以族相属也。

宗法不惟行之国内而已，诸国相互间亦行之，孟子记滕之父兄百官称"吾宗国鲁先君"(《滕文公上》)。滕开国之君叔绣，为鲁开国之君周公之弟，周公为武王母弟，诸姬共戴之为大宗，故曰"吾宗国"也。如是诸侯又各率其宗以宗天子，荀子曰："天子……圣王之子也……天下之宗室也。"(《正论》)故周之诸侯，称周曰"宗周"。

宗法又不惟行于王侯之支庶而已，一般平民亦有之。《左传》所记，晋有"翼九宗"(《隐六》)，有"怀姓九宗"(《定四》)，翼九宗为晋之支庶，怀姓即隗姓，乃当时狄(匈奴)种也。《传》又记："楚人执戎蛮子，致邑立宗，以诱其遗民。"(《哀四》)又记：梗阳人有狱，魏戊不能断，以狱上其大宗也。"(《昭二十九》)此可见凡民皆各有宗，且可以随时增立。而宗之所在，即民之所归也。故《周官》云："以九两系邦国之民……五曰宗，以族得民。"(《大宰》)言宗达于上下也。

如是国内各部分人民，各以"同姓从宗，合族属"(《大传》文)。而统之于君，故曰"君有合族之道"(同上)焉，其立法精神何在，盖利用人类通性而善导之。故曰："人道，亲亲也。亲亲故尊祖，尊祖故敬宗，敬宗故收族。"(同上)人莫不亲爱其父母，因父母而尊父母所自出之祖先，因祖先而敬及代表祖先之宗子，卒乃以宗子之关系联络全族，似此大规模的家族组织，遂成为政治上主要原素。再加以宗教的气味，而效力益强："万物本乎天，人本乎祖。"(《郊特牲》)尊祖观念与敬天观念相结合，推论之结果，可以认全人类为一大家族，故曰："明乎郊社之礼，禘尝之义，治国其如示诸掌乎。"（《中庸》）吾侪若能对于宗法精神根本明了，则所谓"天下之本在国，国之本在家"（《孟子》），所谓"欲治其国者先齐其家"（《大学》），庶几乎可以索解矣。

此种"家族本位的政治"，在当时利病如何，今不暇详述，要之此为后此儒家政治思想之主要成分，直至今日，其惰力依然存在，然社会组织既已全变，则其精神亦适为僵石而已。

第五章　封建及其所生结果

后儒多言封建为唐虞以来所有,其实非也。夏殷以前所谓诸侯,皆邃古自然发生之部落,非天子所能建之能废之。[①] 真封建自周公始,武王克殷,广封先王之后(见《史记》),不过承认旧部落而已。及"周公吊二叔之不咸,乃众建亲贤,以屏藩周。"(《左·僖二十四》)其新封之国盖数十,而同姓子弟什居七八。[②] 盖一面承认旧有之部落,而以新封诸国参错其间,实际上旧部落多为新建国之"附庸"。[③] 间接以隶于天子,其诸国与中央之关系,大略分为甸侯卫荒四种。[④] 甸为王畿内之采邑,侯即诸侯,卫盖旧部落之为附庸者,荒则封建所不及之边地也。中央则以朝觐、巡狩、会同等制度以保主属的关系,而诸国相互间,复有朝聘、会过等制度以常保联络。

封建制度最大之功用有二:一曰分化,二曰同化。

所谓分化者,谓将同一的精神及组织,分布于各地,使各因其环境

---

① 《国语》称"自幕至于瞽瞍无违命",可见帝舜之祖宗本为一部落之长,《尚书》称"虞宾在位",《山海经》称帝丹朱,可见帝尧逊位后,其子孙仍为一部落之长。其他如商周部落等,在虞夏时久已存在,史文可征,皆非由封建也。《皋陶谟》"外薄四海,咸建五长",《禹贡》"锡土姓"等语,《孟子》言舜封弟象于有庳等事,盖后儒以周制比论,不能认为史实。

② 《荀子·儒效》篇称周兼制天下,立七十一国,姬姓居五十三。《左传·昭二十八年》称武王兄弟之国十有五,姬姓之国四十。《吕览·观世》篇称周所封四百余,服国八百余。《史记·十二诸侯年表》称武王成康所封数百,而同姓五十五国。

③ 《鲁颂·阏宫》云:"锡之山川土田附庸",任宿须句颛臾,皆鲁之附庸也。

④ 古书言诸服之制,《尚书大传》称周公摄政四年,建侯卫;《酒诰》、《康王之诰》皆言侯甸男卫;《康诰》称侯甸男卫邦伯;《周语》称甸服、侯服、宾服、要服、荒服;《周官》更有六服、大服等异名。吾略推定为四种。

以尽量的自由发展。天子与诸侯，俱南面而治，有"不纯臣之义"（《公羊传》注文）。各侯国所有行政机关，大略与天子相同，所差者规模稍有广狭耳。天子不干涉侯国内政，各侯国在方百里或方数百里内，充分行使其自治权。地域小则精神易以贯注，利害切己则所以谋之者周。此种组织，本由部落时代之元后群后蜕变而来，惟彼之群后，各就其本身之极毂薄的固有文化（？）徐徐堆集，譬犹半就枯瘠之老树。此之侯国，则由一有活力之文化统一体分泌出来，为有意识的播殖活动，譬犹从一大树中截枝分栽，别成一独立之新根干。故自周初施行此制之后，经数百年之蓄积滋长，而我族文化，乃从各地方为多元的平均发展。至春秋战国间，遂有千岩竞秀万壑争流之壮观，皆食封建之赐也。

所谓同化者，谓将许多异质的低度文化，醇化于一高度文化总体之中，以形成大民族意识。封建之制，有所谓卫服即附庸者，即如前述。此等附庸，其性质在"司群祀以服事诸夏"（《左·僖十一》文）。质言之，则旧部落而立于新侯国指导之下者也。不宁惟是，春秋诸名国，初受封时率皆与异族错处。故齐太公初至营丘，莱夷与之争国（见《史记》），鲁则密迩淮夷徐戎（杂见《诗》、《书》），晋则"疆以戎索"（《左·定四》），"狄之广莫于晋为都"（《左·庄二十八》）。籍谈谓"晋居深山，戎狄之与邻。王灵不及，拜戎不暇"（《左·昭十五》）。吴更断发文身之裔壤也。（见《史记》）可见殷周之际，所谓华夏民族者，其势力不出雍岐河洛一带。周家高掌远蹠，投其亲贤于半开的蛮族丛中，使之从事于开拓、吸化之大业，经数百年艰难缔造，及其末叶，而太行以南大江以北尽为诸夏矣。此种同化作用，在国史中为一最艰巨之业，直至今日犹未完成，而第一期奏效最显者，则周之封建也。

我族人自称曰华曰夏，而目异族以蛮夷，此两相对待之名词，发源甚古，而相沿亦甚久。如"蛮夷猾夏"（《书·尧典》），"狄戎失华"（《左·襄四》），"裔不谋夏，夷不乱华"（《左·定十》），此等辞语，常出诸贤士大夫之口。此盖民族意识之标帜,喜翘己以示异于人,恒情所不能免也。然而我国所谓夷夏,并无确定界线。无数蛮夷,常陆续加入华夏范围内,以扩大民族之内容。试举一例,《史记·楚世家》记周夷王时(西纪前八九四至八七九)楚子熊渠之言曰:"我蛮夷也。"春秋桓八年(前七○四)楚子熊通之言仍曰:"我蛮夷也。"襄十四年(前五八九)楚臣子囊之言则曰:"赫赫楚国……抚有蛮夷,以属诸夏。"(《左传》文)可见现代之湖北(楚)人,向来自称蛮夷,乃经过百六十五年后忽自称为抚有蛮夷之诸夏。此等关节,实民族意识变迁之自白,读史者不容轻轻放过也。然则其所以能如此者何耶? 我国人四海一家、万人平等的理想,发达甚早,《书》所谓"光天之下,至于海隅苍生;万邦黎献,共为帝臣"(《皋陶谟》)。《诗》所谓"普天之下,莫非王土;率土之滨,莫非王臣"(《北山》)。盖我先民之对异族,略如长兄对其弱弟,当其稚时,不与抗礼。及既成年,便为平等,弱弟之自觉,亦复如是。又同姓不婚之制,亦为夷夏混界一要具。据《左传》所记,周襄王有狄后,晋文公及其异母弟夷吾奚齐皆诸戎所出,文公自娶狄女季隗,以叔隗妻赵衰生盾。当时民间夷夏杂婚情况何如,虽不可知,然贵族中则既有显证。此亦同化力猛进之一原因也。

第六章　阶级制度兴替状况

阶级制度，实人类文化初开时代所不能免。其成立之早晚与消灭之迟速，虽半由环境所决荡，而民族思想根柢亦与有力焉。春秋前奴隶制度之痕迹，见于诸经者甚少。《诗经》似一无可考，《易经》《书经》有"童仆"、"臣妾"等字，玩文当为奴隶。此外最奇异者，为春秋时楚芊尹无宇之言，曰："天有十日，人有十等。……王臣公，公臣大夫，大夫臣士，士臣皂，皂臣舆，舆臣隶，隶臣僚，僚臣仆，仆臣台。"（《左·昭十》）其言若可信，则古代阶级可谓极复杂。虽然，其界限并不严，其地位移易似甚易，"斐豹，隶也，著在丹书。"焚书即可侪于齐民（《左·襄二十三》）。鲍文子，齐之执政也，尝为隶于鲁施氏（《左·定八》），晋贵族"栾却胥原狐续庆伯，降在皂隶"（《左·昭三》）。由此观之，所谓臣仆皂隶者，其性质与古代希腊诸国之奴隶及近代美之黑奴、俄之农隶等似有别，盖身分并不如彼等之固定也。

> 《易·旅卦》，"丧其童仆"、"得童仆"，《小畜卦》，"畜臣妾吉"，《书·微子》，"我罔为臣仆"，《费誓》，"臣妾逋逃"，吾所记二经中近于奴隶意义之文字仅此。

> 《周官》有蛮隶、闽隶、夷隶、貉隶等名，似是以敌国俘虏充奴隶。然春秋时似无此恶习，古代有否未敢断

我国古代奴隶制度何故不发达耶？其根本盖缘人类平等的理想入人甚深，固无待言，然亦事实上有自然的裁制焉。我国文化发生于大平原，而生计托命于农业。无论在部落时代封建时代，各国皆以地广人稀为病，竞思徕他国之民以自实。观《孟子·梁惠王》篇、《商君书·徕民》

篇等,便知其概。战国且然,况在前此,民如见虐,则"逝将去汝,适彼乐国"(《诗·硕鼠》文)。此当时为政者所甚恐也。噢咻其民,勿使生心,实各国政府保持势力之第一议。政治所以常顾虑人民利益,盖由于此。而民皆以农为业,受一尘为氓,自耕而自食之。此种经济组织之下,自然不适于奴隶之发育,与欧洲古代国家发源于地狭人稠之市府者,本异其撰也。

> 《梁惠王》篇:"邻国之民不加少,寡人之民不加多,何也?"又"耕者皆欲耕于王之野,商贾皆欲藏于王之市"。《徕民》篇:"晋欲徕三晋之民为之,有道乎?"此战国时各国竞欲以人为的政策增加人口之实例。

　若夫贵族平民两阶级,在春秋初期以前,盖划然不相踰。百姓与民对举,大夫、士与庶人对举,君子与小人对举,经传中更仆难数,乃至有"礼不下庶人刑不上大夫"(《曲礼》)等语,似并法律上身分亦不

> 始终未行贵族政治者,惟一秦国耳。

平等。关于此方面真相如何虽未敢确答,要之政权恒在少数贵族之手,则征之《左传》中所记诸国情事,甚为明白。盖封建与宗法两制度实行之结果,必至如是也。虽然,此局至孔子出生前后,已次第动摇,"陪臣执国命"(《论语》文),各国所在多有,如齐之陈氏,本羁旅之臣,卒专齐政而有齐国。即以孔子论,彼明言"吾少也贱",尝为委吏乘田,盖"庶人在官者"之流亚耳,然其后固又为鲁司寇参大政。然则政权并非由某种固定阶级永远垄断,在春秋中叶已然。

　贵族政治之完全消灭,在春秋以后。其促成之者,孔墨诸哲学说与有力焉。说详次篇,兹不先述,然而环境之孕育此变化,实

> 周襄王以阳樊赐晋文公,阳樊人不服,晋围之,仓葛呼曰:"此谁非王之亲姻,其俘之也。"(《左·僖二十六》)此外互婚之迹,传中可考尚多。

匪伊朝夕。其主要原因,则在智识之散布下逮。封建初期,政治教育与政治经验,皆少数贵族所专有,一般平民,既无了解政治之能力,复无参

加政治之欲望。及其末期,则平民之量日增,而其质亦渐变。第一,小宗五世则迁,迁后便与平民等,故平民中含有公族血统者日益加多。第二,当时贵族平民,互相通婚,故实际上两阶级界限颇难严辨。第三,各国因政变之结果,贵族降为平民者甚多,例如前文所举"乐却胥原,降在皂隶"。第四,外国移住民,多贵族之裔,例如孔子之祖孔父,在宋为贵族,而孔子在鲁为平民。此等新平民,其数量加增之速率,远过于贵族,而其智识亦不在贵族之下。此贵族政治不能永久维持之最大原因也。

贵平两级之混合,在用语变迁上最能表明之,古者贵族称百姓,贱族称民,两语区别甚严。其后则渐用于同一意义,而大率以民字为其代表。古者君子小人,为身分上对待语。君子指贵族,含有"少主人"的意味。小人盖谓人中之低微者。其后意义全变,两语区别,不以阶级的身分为标准,而以道德的品格为标准。凡此皆平民阶级扩大且向上之结

《周语》富辰曰,"百姓兆民",韦注:"百姓,百官也,官有世功受氏姓也。"《书·尧典》,"平章百姓",郑注:"百姓,群臣之父子兄弟。"此百姓之正训,指贵族也。《书·吕刑》,"苗民勿用灵",郑注:"苗族三生凶恶,故谓之民,民者冥也,言未见仁道。"此民字之正训,指异族或卑族也。
《左·僖十五》:"小人戚,谓之不免;君子恕,以为必归。"《僖·二十六》:"小人恐矣,君子则否。"君子指士大夫,小人指一般平民,经传中类此者甚多。

果,致固有之阶级观念,渐次渐灭,而万人平等的民本观念乃起而代之也。

第七章　法律之起原及观念

在氏族及封建的组织之下，所以维系团体者，全恃情谊及习惯，无取规规焉以法律条章相约束。以法治国的观念，至战国而始成立，古无有也。古代所谓法，殆与刑罚同一意义，法本字作灋，《说文》云：

> 灋，刑也。平之如水，从水。廌所以触不直者去之，从廌去。

《易·象传》云：

> 利用刑人，以正法也。（《蒙卦》）

盖初民社会之政治，除祭祀斗争以外，最要者便是讼狱。而古代所有权制度未确立，婚姻从其习惯，故所谓民事诉讼者殆甚稀，有讼皆刑事也。对于破坏社会秩序者，用威力加以制裁，即法之所由起也。最初时并无律文以定曲直标准，惟取决于无意识之事物。"廌触不直"一类之折狱法，至今澳非等洲之蛮人犹用之。我国古代，殆亦如是。

我国刑法之最初起原不可深考，据《书·吕刑》云：

> 苗民弗用灵，制以刑，惟作五虐之刑，曰法。

似刑法实苗族所自创，而我族袭用之。我族之用此刑，其初亦专以待异族，所谓"报虐以威"也（《吕刑》文）。刑官最古者推皋陶，而舜命皋陶则云：

> 蛮夷猾夏，寇贼奸宄，汝作士，五刑有服。（《书·舜典》）

是刑官全为对蛮夷而设，故春秋时仓葛犹曰：

> 德以柔中国，刑以威四夷。（《左·僖二十五》）

然则刑不施之于本国住民矣，其后亦以施诸住民中之特种阶级。所谓：

> 礼不下庶人，刑不上大
> 夫。（《曲礼》）

以今世思想绳之，凡曾任显
宦者，即不受刑律制裁，宁非异

> 前所举《舜典》舜命皋陶云云，其上文
> 尚有命契一段云："百姓不亲，五品不
> 逊，汝作司徒，敬敷五教。"百姓即贵族
> 大夫，五教施诸百姓与五刑施诸蛮夷
> 正相对。

事。殊不知部落时代之刑律，专为所谓"庶人"之一阶级而设，而"庶人"
大率皆异族也。故刑不上大夫，与刑以威四夷，其义实一贯。

然则古代对于贵族，更无制裁之法乎？曰：有之，放逐是已。凡认
其人为妨害本社会秩序者，则屏诸社会以外，《舜典》称："流共工，放欢
兜……而天下咸服。"所谓"投诸四裔以御魑魅"（《左传》文），"屏诸四夷
不与同中国"（《大学》文）也，此与希腊之贝壳投票制颇相类。直至春秋
时，此制犹留痕迹，鲁藏孙纥得罪，鲁人将盟臧氏，季孙召外史掌恶臣而
问盟首，历述盟东门氏、盟叔孙氏先例如何如何（《左·襄二十三》）。此种
"盟"法，即声其罪而放流之，盖古代遗影也。

古代兵刑不分，作士之皋陶，其职在防蛮夷猾夏，盖含有以武御暴
之意。故后世刑官之掌，犹名曰"司寇"。《国语》记臧文仲之言曰：

> 大刑用甲兵，中刑用刀锯，薄刑用鞭扑。（《鲁语上》）

以用甲兵为刑罚之一种，即"刑威四夷"之确诂也。《易·爻辞》云：

> 师出以律。（《师卦》）

"律"字含有法律的意义。自此文始，而其物实首用之于师旅，盖刑也，
法也，律也。其初本以对异族或特种阶级而已。在团体中之基本团体

员(所谓贵族)以情谊相结合者,良无需乎此。及至用兵之际,专恃情谊,不足以帅众,不能不为律以肃之。《史记·律志》《汉书·刑法志》其发端皆极言兵事之不可以已。骤读之若与本题渺不相属,而不知此两事之在古代,其观念本同一也。

降及后世,一面种族及阶级之界限,渐混前此制裁特种人所用之工具,次第适用于一般人。一面团体内事故日繁,前此偶然一用之手段,浸假而时时用之,此则法律之应用所由日广也。

法律条文之制定,自何时始耶?《舜典》虽有五刑之文,不过就施罚方法分类,法文无征也。晋叔向云:

> 夏有乱政而作禹刑,商有乱政而作汤刑,周有乱政而作九刑。三辟之作,皆叔世也。(《左·昭六》)

据此则夏商周皆有制定刑律之事,《逸周书》云:

> 维四年孟夏……王命大正正刑书……大史筴刑书九篇,以升授大正。(《尝麦》)鲁大史克云。

> 先君周公作誓命曰:"毁则(训法)为贼,掩贼为藏,窃贿为盗,窃器为奸。"……有常无赦,在九刑而不忘。(《左·文十八》)

综此诸文,似周确有刑书其物者。成于周公时代,其书篇数为九,且原书至春秋犹存,士大夫多能诵习之。后此儒家,盛言文武周公以礼治国,衡诸往故,殆未必然。观《逸周书·世俘》篇,则周初之果于杀戮实可惊,即云其言难尽信。然《书经》中《康诰》、《酒诰》等篇言刑事綦详,可见其视之甚重。《酒诰》云:"厥或告曰:'群饮。'汝勿佚,尽执拘以归于周,予其杀。"饮酒细故而科死罪,倘所谓"刑乱国用重典"耶?《费誓》为周公子伯禽所作,全篇百七十余字,而"汝则有常刑、有大刑、有无余刑"之文凡五见,是鲁开国时刑律抑甚严矣。虽然周公对于刑罚,固以教化主义为其精神。其言曰：

> 人有小罪，非眚，乃惟终，自作不典，式尔，有厥罪小，乃不可不
> 杀。乃有大罪，非终，乃惟眚灾，适尔，既道极厥辜，时乃不可杀。
> （《康诰》）

又曰：

> ……勿庸杀之，姑惟教之。有斯明享，乃不用我教辞，惟我一
> 人弗恤，弗蠲乃事，时同于杀。（《酒诰》）

释此诸文，可知当时所谓"义刑义杀"者（《康诰》文），意不在偿惩而在感
革，故积极的伦理观念视消极的保安观念为尤重。故又云：

> 元恶大憝，矧惟不教不友。子，弗只服厥父事，大伤厥考心。
> 于父，不能字厥子，乃疾厥子。子弟，弗念天显，乃弗克恭厥兄。
> 兄，亦不念鞠子哀，大不友于弟，惟吊兹。不于我政人得罪，天惟与
> 我民彝大泯乱。曰：乃其速由文王作罚，刑兹无赦。（《康诰》）

似此，吾名之曰礼刑一致的观念。
刑罚以助成伦理的义务之实践为
目的，其动机在教化，此实法律观
念之一大进步也。尤当注意者，
其所谓伦理，乃对等的而非片面
的，父兄之于子弟，其道德责任，
一如子弟之于父兄，此又法律平
等之见端矣。此后刑律之见于经
传者，如周穆王有吕刑，其中一部分殆近于条文。齐有轨里连乡之法，
晋有被庐之法，楚有茅门之法、仆区之法，今皆传其名。其余各国类此
者当甚多，至春秋末叶，始渐有成文法公布之举，而疑议亦蜂起。郑子

> 《周官·司救》）云："掌万民之邪恶过
> 失而诛让之，以礼防禁而救之……凡
> 民之有邪恶者，三让而三罚……耻诸
> 嘉石，役诸司空。"《大司寇》云："凡万
> 民之有罪过而未丽于法者……桎梏而
> 坐诸嘉石，役于司空。"《周官》虽非周
> 公书，然此所言感化主义的刑罚，其精
> 神恐当传自周初。

产铸刑书,叔向规之(《左·昭六》),晋赵鞅赋民一鼓铁以铸刑鼎,孔子叹焉(《左·昭二十九》),且

> 周官称"悬法象魏"之文甚多,盖战国以后理想的制度耳。

亦有以私人案者,故郑驷歂杀邓析而用其竹刑,而制刑法草(《左·定九》)。自兹以往,礼治法治之争嚣然矣。

第八章　经济状况之部分的推想

　　自虞夏至春秋，阅时千六七百年，其间社会物质上之嬗变，不知凡几。三代各异其都，至春秋而文物分化发展，所被幅员，比今十省。各地民俗物宜不齐，欲将千余年时间万余里空间之一切经济状况概括叙述，谈何容易。本论所云，不敢云遍，一部分而已；不敢云真，推想而已。

　　吾侪所最欲知者，古代田制——或关于应用土地之习惯——变迁之迹何如。凡社会在猎牧时代，其土地必为全部落人所公有，如现在蒙古、青海皆以"某盟某旗牧地"为区域名称，即其遗影也，盖猎牧非广场不可，故地只能公用而无所谓私有，及初进为农耕时，则亦因其旧，以可耕之地为全族共同产业。《诗·周颂》云：

> 贻我来牟，帝命率育，无此疆尔界。（《思文》）

此诗歌颂后稷功德，言上帝所赐之麦种，普遍播殖，无彼我疆界之分。最古之土地制度盖如是。其后部落渐进为国家，则将此观念扩大，认土地为国有，故曰："普天之下，莫非王土。"（《诗·北山》）此种国有土地，人民以何种形式使用之耶？据《孟子》云：

> 《诗》云："无此疆尔界。"是则作诗时必已有彼我疆界，故追念古迹而重言其特色也。此诗假定为周成康时作，则其时土地私有权当已成立。

> 夏后氏五十而贡，殷人七十而助，周人百亩而彻。（《滕文公上》）

　　孟子所说,是否为历史上之事实,虽未敢尽信,但吾侪所能以情理揣度者。一、农耕既兴以后,农民对于土地所下之劳力,恒希望其继续报酬,故不能如猎牧时代土地之纯属公用,必须划出某处面积属于某人或某家之使用权。二、当时地广人稀,有能耕之人,则必有可耕之田,故每人或每家有专用之田五七十亩乃至百亩,其事为可能。三、古代部落,各因其俗宜以自然发展,制度断不能画一。夏、殷、周三国,各千年世长其土,自应有其各异之田制。以此三事,故吾认孟子之说为比较的可信,即根据之以研究此三种田制之内容何如。

　　一、贡。贡者,人民使用此土地,而将土地所产之利益,输纳其一部分于公家也。据《孟子》所说,则其特色在"校数岁之中以为常"而立一定额焉。据《禹贡》所记,则其所纳农产品之种类,亦因地而殊,所谓"百里赋纳总,二百里纳铚,三百里纳秸服,四百里粟,五百里米"是也。《禹贡》又将"田"与"赋"各分为九等,而规定其税率高下。《孟子》所谓"贡制",殆兼指此。但此种课税法,似须土地所有权确立以后始能发生,是否为夏禹时代所曾行,吾不敢言。所敢言者,孟子以前,必已有某时代某国家曾用此制耳。

　　二、助。孟子释助字之义云:"助者借也。"其述助制云:"方里而井,井九百亩,其中为公田。八家皆私百亩,同养公田。"此或是孟子理想的制度,古代未必能如此整齐画一。且其制度是否确为殷代所曾行,是否确为殷代所专有,皆不可知。要之古代各种复杂纷歧之土地习惯中,必曾有一种焉,在各区耕地面积内,画出一部分为"公田",而藉借人民之力以耕之。此种组织,名之为助,有公田则助之特色也。公田对私田而言,《夏小正》云:"初服于公田。"《诗》云:"雨我公田,遂及我私。"(《大田》)据此则公田之制,为

《夏小正》所记天体现象,经学者考定为西纪前一千年中国北方所见者,故其书当为商周之际之著作。

商周间人所习见而共晓矣。土地一部分充公家使用，一部分充私家使用，私人即以助耕公田之劳力代租税，则助之义也。

三、彻。《诗》"彻田为粮"（《公刘》）所咏为公刘时事，似周人当夏商时已行彻制，彻法如何，孟子无说。但彼又言"文王治岐耕者九一"，意谓耕者之所入九分而取其一，殆即所谓彻也。孟子此言，当非杜撰，盖征诸《论语》所记："哀公问有若曰：'年饥用不足，如之何？'有若对曰：'盍彻乎？'公曰：'二，吾犹不足，如之何其彻也？'……"可见彻确为九分或十分而取其一。鲁哀公时已倍取之，故曰"二，吾犹不足"，二对一言也。观哀公有若问答之直捷，可知彻制之内容，在春秋时尚人人能了，今则书阙有间，其与贡、助不同之点安在，竟无从知之。《国语》记："季康子欲以田赋，使冉有访诸仲尼，仲尼不对，私于冉有曰：'……先王制土，借田以力，而砥其远近。……若子季孙欲其法也，则有周公之籍矣。'"（《鲁语》）借田以力则似助，砥其远近则似贡，此所说若即彻法，则似贡助混合之制也。此法周人在邠岐时，盖习行之，其克商有天下之后，是否继续，吾未敢言。

据此种极贫乏且蒙混之史料以从事推论，大抵三代之时，原则上土地所有权属于国家，而使用权则耕者享之。国家对于耕者，征输其地力所产什一或九之一。此所征者，纯属公法上之义务，而非私法上之酬偿。除国家外，无论何人，对于土地，只能使用，不能"所有"也。然而使用权享之既久，则其性质亦渐与所有权逼近矣。故谓古代凡能耕之民，即能"所有"其土地使用权，亦无不可。换言之，则谓土地私有制在事实上已成立，亦无不可。惟使用权是否可以买卖，史籍中无明文可考，在此事未得确证以前，未可遽认私有制为完全存在也。

其后土地私有制又换一方向

《曲礼》言"田里不鬻"，似土地不能买卖。然又言"献田宅者操书致"，则是有地契矣。要之《戴记》所述多秦汉时之事实或其时学者之理想，未可遽据以论定古制。

以发展焉。夫所谓"普天之下莫非王土"者，本属公权的意味。质言之，则土地国有而已。虽然，事实上既以君主代表国家，君与国易混为一谈，浸假而公权私权之观念亦混。于是发生一种畸形的思想，认土地为天子所有。天子既"所有"此土地，即可以自由赐予与人，故用封建的形式，"锡土姓"（《书·禹贡》文），"锡之山川，土田附庸"（《诗·閟宫》文），是即天子将其土地所有权移转于诸侯也。诸侯既"所有"此土地，又得自由以转赐其所亲昵，故卿大夫有"采地"有"食邑"。——此种事实，《左传》《国语》及其他古籍中记载极详，今不枚举。——是即土地所有权移转于诸国之臣下也，于此有极当注意者一事焉。即此所谓移转者，实为所有权而非使用权。盖所有此土地之人，并非耕用此土地之人也。以吾所推度，土地私有制盖与封建制骈进，最迟到西周末春秋初，盖已承认私有为原则。《诗》曰："人有土田，女反有之。"（《瞻卬》）"人有"者，谓吾本有此土田之使用权也。"女反有之"者，谓夺吾之使用权变为汝之所有权也。至是既无复"王土"之可言矣。

在此种状态之下，吾侪所亟欲研究者，则前此享有"土地使用权"之农民，其地位今复何如？前此所耕为"王土"，以公法上之义

> 汉后儒者，喜谈封建、井田，辄谓此两制同时并行。不知井田为土地国有制，而此制与封建制下之食邑采地实不相容也。

务输地力所产之一部分以供国用，于情理为甚平。今所耕者，什九皆贵族采地也。彼贵族者皆不耕而仰食于农，故诗人讥之曰："不稼不穑，胡取禾三百廛兮。"（《伐檀》）农民使用此土地，除国家正供外，尚须出其一大部分以奉田主，于是民殆不堪命。晏婴述当时齐国人之生活状况曰："民参其力，二入于公，而衣食其一。"（《左·昭三》）他国如何？虽史无明文，度亦不相远。夫农业国家唯一之生产机关在土地，土地利益之分配，偏宕至于此极。此则贵族政治所以不能不崩坏，而社会问题，所以日萦于当时学者之脑，而汲汲谋解决也。

附录四 春秋"作税亩"、"用田赋"释义

春秋宣十五年,"初税亩"。《左传》云:"初税亩,非礼也。谷出不过借,以丰财也。"《公羊传》云:"……讥始履亩而税也。何讥乎始履亩而税?古者什一而藉……"后儒多解初税亩为初坏井田,似是而实非也。古代之课于田者,皆以其地力所产比例而课之,无论田之井不井皆如是,除此外别无课也。税亩者,除课地力所产外又增一税目以课地之本身——即英语所谓 land tax。不管有无所产,专以亩为计算单位,有一亩税一亩,故曰履亩而税。鲁国当时何故行此制,以吾度之,盖前此所课地力产品以供国用者,今地既变为私人食邑,此部分之收入,已为"食"之者所得,食邑愈多,国家收入愈蚀,乃别立履亩而税之一税源以补之。自"税亩"以后,农民乃由一重负担而变为两重负担,是以春秋讥之也。

春秋哀十二年,"用田赋"。后儒或又以为破坏井田之始。井田有无且勿论,藉如彼辈说,宣十五年已破坏矣,又何物再供数十年后之破坏?今置是说,专言"税亩"与"田赋"之区别。赋者,"出车徒供徭役",即孟子所谓"力役之征"也。初时为本属人的课税,其性质略如汉之"口算",唐宋以来之"丁役"。哀公时之用田赋,殆将此项课税加征于田亩中,略如清初"一条鞭"之制。此制行而田乃有三重负担矣。此民之所以日困也。

复次,吾侪所甚欲知者,古代商业状况何如?《皋陶谟》有"懋迁有无化居"语,似商业在唐虞时已发达。虽然,吾前已屡言,《虞夏书》为春秋前后人追述,未可遽据为史实。以情理度之,夏禹以

《昭十六传》记晋韩起市环于郑商,子产曰"昔我先君桓公与商人皆出自周……世有盟誓以相信也,曰:'尔无我叛,我无强贾……'恃此质誓,故能相保以至于今。……"据此可推想当时政府对于商人之态度何如。

前,当为部落共产时代,未必有商业之可言。《酒诰》云:"肇牵车牛远服
贾,用孝养厥父母。"群经中明言商业者,似以此为最古,据此则商周间
已颇盛矣。《诗经》,"氓之蚩蚩,抱布贸丝"(《氓》),"如贾三倍"(《瞻卬》),
皆足为春秋前商业渐展之证。春秋中叶以后,郑商人弦高,出其货品以
纾国难(《左·僖三十三》)。郑子产又言其国君与商人世有盟誓(《左·昭
十六》),则商人地位似甚高。孔子称子贡"不受命而货殖焉"(《论语》),
《史记》称"子贡废著鬻财于曹鲁之间","范蠡治产积居与时逐……三致
千金"(《货殖传》),皆春秋末年事,因此吾辈可以大概推定,春秋时商业
盖与农业骈进,但各地状况不同。彼地狭人稠之郑国,发达当最早,其
余或仍有甚微微者。

　　于此最当注意者,则货币起原及变迁之迹何如? 详言之,则商业何
时始由实物交易进为货币交易耶? 货币何时始用金属铸造且有一定重
量耶? 此问题甚重要,因资本制度之发生,其基础在此也。

　　《系辞传》称:"日中为市,致天下之民,聚天下之货,交易而退,各得
其所。"《孟子》称:"古之为市者,以其所有易其所无,有司者治之耳。"此
所记未知为确指何时之制度,但实物交易之习惯,直至汉时犹甚盛行,
则古代更可想。古代最初之货币为贝壳,故凡关于财货之字皆从贝。
五贝排贯,名之曰"朋",《易·爻辞》言"丧贝",言"十朋之龟",《诗》言
"锡我百朋"。钟鼎文中记"王赐贝"者颇多,间有记所赐之数者,大率五
朋十朋,可见贝在古代极为贵重。贝产水滨,可想见最初之货币交易,
起于黄河下游入海各地。其后应用渐广,而实贝不给,则有用他物仿制
者。近顷在彰德附近之古殷墟发见骨制之贝,人造货币现存者,当以此
为最古。其后渐以铜仿制,俗所
称蚁鼻钱,即铜贝也。是为金属
货币之始,再进则以铜仿制为刀
形为农器形。为刀形者,今钱谱

吾旧著《春秋时货币种类及流通状况
考》,曾登载《新民丛报》,今意见变迁
甚多,然所搜资料,尚有一部分可用。

家所谓刀币也；为农器形者，彼辈所称"方足布"、"尖足布"等皆是。此物在古代谓之"钱"，不谓之"布"，钱谱家陋耳。《诗》"庤乃钱镈"。"钱"为小农器，如今之锄或铲，方尖足布即仿其式。此类之货币，皆由实物交易一转手。当人类发明用铜之后，社会最贵重者，即为铜制之刀及农具，常以他种实物如牲畜、谷米、布帛之类与之交换。其后渐用之为价值公准，于是仿其形而缩小之以为代表，则一定重量之金属货币所由起也。刀及钱皆仿缩原物，而上加一环，穿孔以便贯串，

> 钱谱家动称某种古钱为少昊时代物，为虞夏赎刑所用物，为太公圜法，为周景王大钱，其实皆以意附会耳。古钱流传至今者，恐无战国以前物，兹事吾当著专篇考之，本书非经济史，不能详及也。

用之既久，其工准为社会所公认，则并其刀与钱（农器）之原形而去之，仅留一圆环，其后更将环之内孔易圆为方，使与"外圆内方"之道德观念结合，则后世"制钱"之所由成立也。

后世言圜法者，盛称太公、管子。钱币之兴，滥觞齐境，或不失为一种史实。虽然，吾细读《左传》，觉其时用金属货币之痕迹甚少，间有一二，亦末叶（昭定哀时）事耳。因此吾欲假定春秋中叶以前之商业状况，仍以实物交易为原则，吾所以断断考证此事者，因货币未通用以前，资本储藏之量，势不能为无制限的扩张，此于经济社会组织之变迁，其所关最巨也。

贷资取息之行为，在春秋时当然已有。但此种行为，似仍以实物借贷行之。齐晏婴述陈氏专齐之政策，谓"以家量贷而以公量收之"（《左·昭三》），谓贷民以粟，而贷出时与收回时所用之斗量异也。使货币已盛行，借贷者必不复为此笨滞之举。晏子与孔子同时，齐又为用币最早之国，而当时状况犹如是，故可假定为终春秋之世，资本制度未能成立也。

本　　论

第一章　时代背景及
思潮渊源

　　我国大思想家之出现，实在西纪前五三〇至二三〇之三百年间，吾命之曰全盛时代。前论所纪之种种断片的思想与制度，不过为本时代之先驱而已。本时代为文化发育最高之时，距后此正史成立年代亦较近，宜若有更完备翔实之史料可供研索。然而不然，前乎此者尚有《国语》、《左传》两书，吾侪得据之以察见春秋时国势民情之大概。自鲁哀十八年（前四七七）至周威烈王二十三年（前四〇三）七十余年间，史籍殆无片纸。后此约二百年间，虽有《战国策》一书，然年月不具，且词多夸诞，难可凭信。此盖由秦始皇尽燔诸侯史记，致史家资粮觳薄至此。此时代全社会之变化，至迅且剧，所以能孕育种种瑰伟思想者，半由于此。吾深感有详写背景之必要，为资料及本书篇幅所限，仅略分前后两半期从政治、社会、学问三方简述崖略云尔（前半期指本时代之前一百年，后半期指后二百年）。

　　甲、政治方面

　　一、封建制度。在前半期已届末运，并霸政亦衰熄，兼并盛行，存者殆不及二十国。至后半期遂仅七国并立，最后以至混一。

　　二、贵族政治。与封建同其命运，强族篡国，摧残余宗，内中惟秦国自春秋以来，始终未用贵族，卒以此致盛强。故各国争效之。入后半期而特种阶级完全消灭，所谓"世卿"者已无复痕迹，纯为布衣卿相之局。

　　三、经前此数百年之休养交通，境内诸民族同化已熟，畴昔所谓夷狄——如秦、楚、吴、越等，悉混成于诸夏；其境上之异族——即后此之匈奴、东胡等。悉攘逐于徼外。

四、各国境宇日恢，民众日杂，前此之礼文习惯，不足以维系，故竞务修明法度，以整齐划一其民。

五、既无贵族，则权集于一，成为君主独裁政体，而权威之滥用，势所难免。

六、后半期约二百年间为长期战争，各方面交起，因兵数增加兵器及战术进步之故，战祸直接间接所被极烈。

乙、社会经济方面

一、各国幅员既广，又统于一尊，于是大都会发生。如秦咸阳、齐临淄、赵邯郸、魏大梁……之类，为政治、商业、文化一切之

> 《齐策》，苏秦言："临淄七万户，车毂击，人肩摩，连衽成帷，举袂成幕，挥汗成雨。"虽不无铺张，要可见都市浡兴繁盛之概。

中心，其气象之博大，为前此所无，亦因人民竞趋都市生活之故，前此宗法组织、农村组织等益不能维持。

二、交通大开，货币盛行，经济重心由农业趋于工商业。如猗顿之以盐，郭纵之以冶铁，乌氏倮之以畜牧，寡妇清之以穴矿，皆起氓庶与王者埒富（《史记·货殖传》）。而吕不韦以阳翟大贾，乃能运阴谋废置国王，执持国柄（《史记·本传》），盖贵族仆而富阀代兴，其势力乃至侵入政治，实开前史未有之局。

三、前此农业时代，奴隶甚少，即有之，其待遇殆与家族之一员无异。及工商的资本阶级发生，其力足以广畜奴仆而资其劳作以自封殖。而当时征敛烦苛农

> 孔子日常用事，如"冉有仆"、"樊迟御"、"阙党童子将命"、"使门人为臣"等，皆见于《论语》，并不见有用奴仆痕迹。此殆当时士大夫通习，非必孔子特倡此平等制也。

业荒废之结果，农夫失业，迫而自鬻。于是新奴隶阶级起，史称白圭（孟子同时人）"与用事僮仆同苦乐"，以为美谈（《史记·货殖传》）。则僮仆苦

乐不与齐民同者久矣。

丙、学术方面

一、前此贵族阶级，即为智识阶级，自贵族消灭后，如前篇所说，平民之量与质同时增上，于是智识下逮普及，纯带朝气以弥漫于社会。

二、前此教育为学官掌之，舍官府外无学问。至孔子开私人讲学之风，墨子继之，其宗旨又在"有教无类"，故智识平均发展之速率益增。

> 子张、驵侩、颜涿聚大盗学于孔子，禽滑厘亦大盗，学于墨子，皆成名贤。

三、列国并立互竞，务延揽人才以自佐。如秦孝公、齐威王、宣王、梁惠王、燕昭王，乃至孟尝、平原、春申、信陵之四公子，咸以"礼贤下士"相尚，而"处士"声价日益重，而士之争自濯磨者亦日众。

四、大师之门，"从者恒数百"（《孟子》文），而大都会尤为人文所萃。如"齐稷下常聚数万人，或赐列第为大夫，不治而议论"（《史记·田完世家》文），他国殆亦称是。智识交换之机会多，思想当然猛进。

五、当时书籍传写方法，似甚发达，故"苏秦发书，陈箧数十"（《秦策》文），"墨子南游，载书甚多"（《墨子·贵义》篇文），可见书籍已甚流行，私人藏储，颇便且富，既研究有资，且相观而善，足以促成学术勃兴之机运。

以上五事，就物的基件说，更有心的基件。

六、社会变迁太剧，刺戟人类心理之惊诧及疑闷，而亟求所以解决慰藉之方。故贤智之士，自能画出种种方案，以应当世之要求。

七、自周初以来，文化经数百年之蓄积酝酿，根柢本极深厚，加以当时政治上社会上以前述之种种关系，思想完全解放，两者机缘凑泊，故学术光华，超轶前后。

综以上三方面十六事观之，则当时社会状况及政治思想所以全盛之故，大略可睹矣。今将此时代三百年间政况之变迁及政治思想界主要人物出生年代，列表如下（见下页）：

三百年间政况及政治思想界主要人物年代表

大思想家及大政治家	大　　事	
子产 邓析 孔子(前 552 生 479 卒) 计然 老子(?) 关尹(?)	鲁三家专政　齐田氏专政　晋六卿专政 楚灭陈蔡　郑灭许　宋灭曹 吴楚吴越交兵 春秋告终	前 532 景王十四 至敬王三 十八
墨子(前 470 至 380?) 李悝(前 424 至 387?) 杨朱(?)	越灭吴　楚灭蔡灭杞 周分东西 韩赵魏灭智氏　晋政归三家 战国开始	前 482 敬王三十 九至考 王九 前 432
尸佼 申不害(前 337 卒) 商鞅(前 338 卒)	韩赵魏分晋 田氏篡齐 楚灭莒　韩灭郑 齐屡伐鲁殆灭之 天下分为秦楚燕齐韩赵魏七国 秦魏屡交兵	考王十至 安王二十 前 382
孟子(前 372 至 289?) 宋钘　尹文 彭蒙　田骈　慎到 许行　陈仲 白圭 邹衍	秦孝公用商鞅变法,骤强 魏屡败于秦,徙都大梁 齐威王骤强,招天下游士集稷下 楚灭越,益强 七国相王 韩赵魏屡相攻	安王廿一 至显王三 十七 前 332
庄子(前 335 至 275?) 惠施 公孙龙 荀子(前 310 至 230?)	苏秦张仪等合纵连横 燕齐相攻 秦灭蜀,屡伐楚,蹙其国之半屡伐韩, 几灭之 越武灵王略取胡地	显王三十 八至赧王 三十三 前 282
   韩非(前 233 卒) 李斯(前 208 卒)	韩魏服于秦 秦越交兵　燕赵交兵　燕齐交兵 秦灭六国	赧王三十 四至秦始 皇十五 前 232

第二章　政治思想四大潮流及研究资料

春秋战国间学派繁苗，秦汉后，或概括称为百家语，或从学说内容分析区为六家为九流。其实卓然自树壁垒者，儒墨道法四家而已。其余异军特起，略可就其偏近之处附庸四家。四家末流，虽亦交光互影，然自各有其立脚点所在，故今惟以四家为一期思想之主干。

四家思想之内容，当于次章以下分别详述，惟欲令学者先得一概念以为研究之准备，故先以极简单之辞句叙说如下：

一、道家　信自然力万能而且至善，以为一涉人工，便损自然之朴。故其政治论，建设于绝对的自由理想之上，极力排斥干涉，结果谓并政府而不必要。吾名之曰"无治主义"。

二、儒家　谓社会由人类同情心所结合，而同情心以各人本身最近之环圈为出发点，顺等差以渐推及远。故欲建设伦理的政治，以各人分内的互让及协作，使同情心于可能的范围内尽量发展，求相对的自由与相对的平等之实现及调和。又以为良好的政治，须建设于良好的民众基础之上，而民众之本质，要从物质、精神两方面不断的保育，方能向上。故结果殆将政治与教育同视，而于经济上之分配亦甚注意。吾名之曰"人治主义"或"德治主义"或"礼治主义"。

三、墨家　其注重同情心与儒家同，惟不认远近差等。其意欲使人人各撤去自身的立脚点，同归依于一超越的最高主宰者（天）。其政治论建设于绝对的平等理想之上，而自由则绝不承认，结果成为教会政治。吾名之曰"新天治主义"(对三代前之旧天治主义而言)。

四、法家 其思想以"唯物观"为出发点,常注意当时此地之环境,又深信政府万能,而不承认人类个性之神圣。其政治论主张严格的干涉,但干涉须以客观的"物准"为工具,而不容主治者以心为高下。人民惟于法律容许之范围内,得有自由与平等。吾名之曰"物治主义"或"法治主义"。

上四段以思想性质为序,试取譬于欧陆各国国会席次,则道家其极左党,法家其极右党,儒家则中央党,而墨家则中央偏右者也。至其发生及成立年代,则儒家为传统的学派,成立最早;道家成立年代大有疑问,然最早亦当在儒家后,迟或竟在墨家后;墨家成立,确在儒家后、法家前;法家发生甚早或竟在儒家前,而成立则在彼三家后。此其大较也。今次论四家之代表人物及其年代与著作。

儒家宗孔子人所共知,孔子生春秋之末,当西纪前五五二至四七九年。世传其删《诗》、《书》,定《礼》、《乐》,赞《易》,修《春秋》。但《诗》、《书》、《礼》皆旧文,《乐》无文字,《易传》是否全出孔子尚有问题,确经孔子手定者惟《春秋》耳。吾侪研究孔子,不能克求诸其著述,惟当求诸其弟子及后学所记。所记最醇粹可信者,首推《论语》,次则《易传》,次则公羊氏所传《春秋传》。其二戴《礼记》各篇,成立年代早晚不同,最晚者实出汉儒手,且纯驳亦互见,当分别观之。要之《论语》以外各书,若确指为孔子学说则尚容商榷,若认为儒家学说,盖无大过也。儒家至战国末有二大师,一为孟子,一为荀卿。年代具如前表所推定,孟子书有《孟子》七篇,盖其门人手记而大半曾经孟子阅定者。荀卿书有《荀子》三十二篇,其中或有一小部分为后人窜乱附益,要亦无逾越畔岸之处。故以此二书及前举各书贯通研究,便可见儒家思想之全部及其派分变迁之迹。

道家言宗老庄,人所共知。但《老子》五千言之著者果为谁氏,《庄子》三十三篇之著者果为何时人，今尚为学界悬案未决之问题。旧说大率认五千言之著者为孔子所从问礼之老聃，果尔，则其人为孔子先辈，道家当在儒家前成立。虽然，问老聃著书之说从何出，不外据《史记》本传，然《史记》即以与太史儋、老莱子三人并举，不能确指为谁。墨子、孟子皆好讥评，而未尝一及老聃，其书中有"失道而后德，失德

> 关于《老子》之疑问，可看汪中《述学》、崔述《洙泗考信录》及拙著《学术讲演集》中《评胡适之〈中国哲学史大纲〉》。

而后仁，失仁而后义，失义而后礼"等文，似是难儒家；有"不尚贤使民不争"等文，似是难墨家；有"民不畏死，奈何以死惧之"等文，似是难法家。以此推之，其书或颇晚出，要之最早不能在孔子以前，最晚不能在庄子以后也。庄子年代，亦难确考。惟知其与惠施同时，约当孔子百年后。其书真伪参半，要皆道家言也。杨朱为道家重要人物，伪《列子》中曾详述其学说，虽未敢尽信，然舍此亦更无所资。别有许行一派，盖道家别出之附庸，其绪论见《孟子》中。

墨家由墨翟开宗。翟盖孔子卒后十余年生，孟子生前十余年卒。其学说具见《墨子》五十三篇中。虽间有后人附益，然面目大致可见。其后学有惠施一派，专言名学，与政治较为缘远；有宋钘一派，专弘"非攻"义，为宣传墨宗政论一健将。两派著述皆无传，其绪论时见于庄孟荀诸家书中。

法家成为一学派，时代颇晚。然所谓"法治思想"者，其渊源抑甚古。盖自"宗法政治"破坏以后，为政者不能不恃法度以整齐其民，于是大政治家竞以此为务。其在春秋，则管仲、子产、范蠡，其在战国，则李悝、吴起、申不害、商鞅之流，皆以法治卓著成绩。其事业与言论，往往诒影响于社会人心。其在野学者如邓析、计然之徒，时复以议法文、谈法术显于春秋。逮战国末年，则慎到、尹文辈益精研法理，至韩非而集其成，斯则法家之所以蔚为大国也。今所存诸家书，当以《慎子》、《尹文

子》、《韩非子》为斯学代表,《管子》、《商君书》,虽非管仲、商鞅所作,然皆战国末治法家言者之所推演荟集,其价值亦与儒家之《戴记》埒也。

四家重要之人物及著作大略如上,但犹有一事当注意者,各派末流,交光互影,其性质绝不如初期之单纯。故荀卿之言礼,与法家所谓法殆相逼近,韩非为法家巨子,而《解老》、《喻老》诸篇,盖粹于道家言,尹文亦法家,而"非攻"说则宗墨者。诸如此类,各家皆然,观异观同,是在学者之悬解也已。

大政治家年表	
管仲相齐	(前 708—643)
子产相郑	(前 543—522)
范蠡相越	(前 482—472)
李悝相魏	(前 424—387)
吴起相楚	(前 401—381)
商鞅相秦	(前 352—338)
申不害相韩	(前 351—337)
李斯相秦	(前 237—208)

今先将四家重要旨趣分别论次,而别举数问题为各家所共趋或互诤者比较评骘于后,凡二十一章。

第三章　儒家思想（其一）

儒家言道言政，皆植本于"仁"。不先将仁字意义说明，则儒家思想末由理解也。仁者何？以最粗浅之今语释之，则同情心而已。"樊迟问仁，子曰：爱人。"（《论语》）谓对于人类有同情心也。然人曷为而有同情心耶？同情心曷为独厚于人类耶？孔子曰：

> 仁者人也。（《中庸》）

此言"仁"之概念与"人"之概念相函。再以今语释之，则仁者人格之表征也。故欲知"仁"之为何，当先知"人"之为何，"人"何以名。吾侪因知有我故比知有人，我圆颅而方趾，横目而睿心，因此凡见有颅趾目心同于我者，知其与我同类。凡属此一类者，锡予以一"大共名"谓之"人"。人也者，通彼我而始得名者也。彼我通，斯为仁，故"仁"之字从二人。郑玄曰："仁，相人偶也。"（《礼记》注）非人与人相偶，则"人"之概念不能成立。申言之，若世界上只有一个人，则所谓"人格"者决无从看出。人格者，以二人以上相互间之"同类意识"，而始表现者也。既尔，则亦必二人以上交相依赖，然后人格始能完成。

智的方面所表现者为同类意识，情的方面所表现者为同情心，荀子所谓"有知之属莫不知爱其类也。"爱类观念，以消极的形式发动者则谓之恕，以积极的形式发动者则谓之仁。子贡问一言可以终身行，孔子曰：

> 其恕乎，己所不欲，勿施于人。

于文，如心为恕，推己度人之谓也。惟有同类意识故可以相推度，吾所不欲者以施诸犬马，或适为彼所大欲焉，未可知也。我既为人，彼亦为人，我感受此而觉苦痛，则知彼感受焉而苦痛必同于我，如吾心以度彼，而"勿施"焉，即同情心之消极的发动也，故孟子曰：

> 强恕而行，求仁莫近焉。

消极的恕，近仁而已，积极的仁，则更有进，孔子曰：

> 夫仁者，己欲立，而立人，己欲达，而达人。能近取譬，可谓仁之方也已。

譬者比也，以有我比知有彼，以我所欲比知彼所欲，是谓"能近取譬"。近取譬即"如心"之恕也。然恕与仁复异名者，恕主于推其所不欲，仁主于推其所欲，我现在所欲立之地位，必与我之同类相倚而并立，我将来所欲到达之地位，必与我之同类骈进而共达。何也？人类生活方式，皆以联带关系（即相人偶）行之，非人人共立此地位，则我决无从独立，非人人共达此地位，则我决无从独达。"立人达人"者，非立达别人之谓，乃立达人类之谓。彼我合组成人类，故立达彼即立达人类，立达人类即立达我也。用"近譬"的方法体验此理，彻底明了，是谓"仁之方"。手足麻痹，称为"不仁"，为其同在一体之中而彼我痛痒不相省也。二人以上相偶，始能形成人格之统一体，同在此统一体之中而彼我痛痒不相省，斯谓之不仁，反是斯谓仁。是故仁不仁之概念可得而言也：曰不仁者，同类意识麻木而已矣；仁者，同类意识觉醒而已矣。

儒家曷为对于仁之一字如此其重视耶？儒家一切学问，专以"研究人之所以为人者"为其范围，故孟子曰：

> 仁也者，人也，合而言之道也。

荀子曰：

　　　　道，仁之隆也。……非天之道，非地之道，人之所以道也。
（《儒效》）

吾侪若离却人之立脚点以高谈宇宙原理、物质公例，则何所不可？顾儒家所确信者，以为"人能弘道，非道弘人"。故天之道、地之道等等，悉以置诸第二位，而惟以"人之所以道"为第一位。质言之，则儒家舍人生哲学外无学问，舍人格主义外无人生哲学也。

　　吾为政治思想史，曷为先缕缕数千言论人生哲学耶？则以政治为人生之一部门，而儒家政论之全部，皆以其人生哲学为出发点，不明乎彼，则此不得而索解也。今当入本题矣。孔子下"政"字之定义，与其所下仁字定义同一形式，曰：

　　　　政者正也。

　　然则如何始谓之正，且何由以得其正耶？彼有"平天下絜矩之道"在，所谓：

　　　　所恶于上，毋以使下；所恶于下，毋以事上。所恶于前，毋以先
　　　　后；所恶于后，毋以从前。所恶于右，毋以交于左；所恶于左，毋以
　　　　交于右。此之谓絜矩之道。（《大学》）

儒家政治对象在"天下"，然其于天下不言治而言平，又曰，"天下国家可均"。平也，均也，皆正之结果也。何以正之？道在絜矩，矩者以我为标准，絜者以我量彼，荀子曰：

　　　　圣人者以己度者也，故以人度人，以情度情，以类度类。
（《非相》）

故絜矩者，即所谓能近取譬也，即所谓同类意识之表现也，吾侪读此章，有当注意者两点：

　　第一，所谓絜矩者，纯以平等对待的关系而始成立，故政治决无片

面的权利义务。

第二，所谓絜矩者，须人人共絜此矩，各絜此矩，故政治乃天下人之政治，非一人之政治。

此文絜矩之道，专就消极的"恕"而言，即荀子所谓"除怨而无妨害人"也。

欲社会能为健全的结合，最少非相互间各承认此矩之神圣焉不可。然"矩"之作用，不以此为止，更须进而为积极的发动，夫然后谓之"仁"。孟子曰：

> 仁者以其所爱及其所不爱。

又曰：

> 人皆有所不忍，达之于其所忍，仁也。

人类莫不有同类意识，然此"意识圈"以吾身为中心点，随其环距之近远以为强弱浓淡。故爱类观念，必先发生于其所最亲习，吾家族则爱之，非吾家族则不爱，同国之人则不忍，异国人则忍焉。由所爱以"及其所不爱"，由所不忍以"达于其所忍"，是谓同类意识之扩大。孟子曰："古之人所以大过人者无他焉，善推其所为而已矣。"推者何？扩大之谓也。然则所以推之道奈何，彼之言曰：

> 老吾老以及人之老；幼吾幼以及人之幼，天下可运诸掌。诗云："刑于寡妻，至于兄弟，以御于家邦。"言举斯心加诸彼而已。

"举斯心加诸彼"，即"能近取譬"、"老吾老以及人之老……"，即"欲立而立人欲达而达人"。循此途径使同类意识圈日扩日大，此则所谓"仁之方"也。

明乎此义，则知儒家之政治思想，与今世欧美最流行之数种思想，乃全异其出发点。彼辈奖厉人情之析类而相嫉，吾侪利导人性之合类而相亲。彼辈所谓国家主义者,以极褊狭的爱国心为神圣,异国则视为异类,虽竭吾力以蹙之于死亡,无所谓"不忍"者存,结果则糜烂其民而战以为光荣,正孟子所谓"不仁者以其所不爱及其所爱"也。彼中所谓资本阶级者,以不能絜矩,故恒以己所不欲者施诸劳工,其罪诚无可恕,然左袒劳工之人——如马克斯主义者流,则亦日日鼓吹以己所不欲还施诸彼而已。诗曰:"人之无良,相怨一方。"以此为教,而谓可以改革社会使之向上,吾未之闻。《孟子》曰:

> 离则不祥莫大焉。(《离娄上》)

《荀子》曰:

> 彼将厉厉焉,日日相离嫉也;我今将顿顿焉,日日相亲爱也。
> (《王制》)

以吾侪诵法孔子之中国人观之,所谓社会道德者,最少亦当以不相离嫉为原则。同类意识,只有日求扩大,而断不容奖厉此意识之隔断及缩小以为吉祥善事。是故所谓"国民意识"、"阶级意识"者,在吾侪脑中殊不明了,或竟可谓始终未尝存在。然必以此点为吾侪不如人处,则吾之不敏,殊未敢承。

且置此事,复归本文。儒家之理想的政治,则欲人人将其同类意识扩充到极量,以完成所谓"仁"的世界,此世界名之曰"大同"。大同政治之内容,则如《礼记·礼运》篇所说:

> 大道之行也,天下为公,选贤与能,讲信修睦。故人不独亲其亲,不独子其子,使老有所终,壮有所用,幼有所长,鳏寡孤独废疾者皆有所养。男有分,女有归,货恶其弃于地也,不必藏诸己,力恶其不出于身也,不必为己。是故谋闭而不兴,盗窃乱贼而不作,故外户而不闭,是谓大同。

此章所包含意义,当分三段解剖之:

一、"天下为公,选贤与能,讲信修睦",此就纯政治的组织言。所言"天下",与下文之"城郭沟池以为固"相对,盖主张"超国家"的组织,以全世界为政治对象。所言"为公"及"选贤与能",与下文之"大人世及以为礼"相对,盖不承认任何阶级之世袭政权,主张政府当由人民选举。所言讲信修睦,指地域团体(近于今世所谓"国际的"而性质不同)相互间关系,主张以同情心为结合基本。

二、"故人不独亲其亲……女有归",此就一般社会组织言。主张以家族为基础,而参以"超家族"的精神,除老壮幼男女废疾……等生理差别外,认人类一切平等。在此生理差别上,充分利用之以行互助,其主要在"壮有所用"一语,老幼皆受社会公养,社会所以能举此者,则由壮者当以三四十年服务于社会也。

> 《大戴记》云:"六十以上,上所养也,十五以下,上所长也。""上"即国家或社会之代词。

三、"货恶其弃于地也,不必藏诸己,力恶其不出于身也,不必为己",此专就社会组织中关于经济条件者而言。货恶弃地,则凡可以增加生产者皆所奖厉,然不必藏诸己,则资本私有甚非所重,不惟不肯掠取剩余价值而已。力恶不出,故常认劳作为神圣,然不必为己,不以物质享乐目的渎此神圣也。此其义蕴,与今世社会主义家艳称之"各尽所能,各取所需"两格言正相函,但其背影中别有一种极温柔敦厚之人生观在,有一种"无所谓而为"的精神在,与所谓"唯物史论"者流乃适得其反也。

儒家悬此以为政治最高理想之鹄,明知其不能骤几也,而务向此鹄以进行。

故孔子自言曰:"丘未之逮也,而有志焉。"(《礼运》此文之冠语)进行之道奈何,亦曰以同类意识为之枢而已,故曰:

圣人耐（即能字）以天下为一家，中国为一人，非意之也（意即臆字，言非臆度之谈）。必知其情，辟（即譬字）于义，明于其利，达于其患，然后能为之。（《礼运》末段文）

不仁之极，则感觉麻木，而四肢痛痒互不相知；仁之极，则感觉锐敏，而全人类情义利患之于我躬，若电之相震也。信乎"以天下为一家，中国为一人，非意之也"。

第四章　儒家思想(其二)

　　大同者,宇宙间一大人格完全实现时之圆满相也。然宇宙固永无圆满之时,圆满则不复成为宇宙。儒家深信此理,故《易》卦六十四,始"乾"而以"未济"终焉。然则在此不圆满之宇宙中,吾人所当进行者何事耶？曰:吾人常以吾心力所能逮者向上一步,使吾侪所向往之人格实现宇宙圆满的理想稍进一着、稍增一分而已。其道奈何？曰:吾侪固以同类意识扩大到极量为职志,然多数人此意识方在麻木状态中,遑言扩大。故未谈扩大以前,当先求同类意识之觉醒,觉醒之第一步,则就其最逼近最简单之"相人偶"以启发之。与父偶则为子,与子偶则为父,与夫偶则为妇,与妇偶则为夫……先从此等处看出人格相互关系,然后有扩充之可言。此则伦理之所由立也,《论语》记:

> 齐景公问政于孔子,孔子对曰:"君君,臣臣,父父,子子。"公曰:"善哉,信如君不君,臣不臣,父不父,子不子,虽有粟,吾得而食诸?"(《颜渊》)

《大学》称"止于至善",其条理则:

> 为人君,止于仁;为人臣,止于敬;为人子,止于孝;为人父,止于慈;与国人交,止于信。

《中庸》述孔子言亦云:

> 所求乎子,以事父;所求乎臣,以事君;所求乎弟,以事兄;所求

乎朋友,先施之。

此即絜矩之道应用于最切实者。
凡人非为人君即为人臣,非为人
父即为人子,而且为人君者同时
亦为人臣或尝为人臣,为人父者
同时亦为人子或尝为人子,此外
更有不在君臣父子……等关系范
围中者,则所谓"朋友",所谓"与
国人交"。君如何始得为君? 以
其履行对臣的道德责任故谓之

> 君字不能专作王侯解。凡社会组织,
> 总不能无长属关系。长即君,属即臣。
> 例如学校,师长即君,生徒即臣。工厂
> 经理即君,厂员即臣。师长对生徒,经
> 理对厂员,宜止于仁。生徒对师长所
> 授学业,厂员对经理所派职守,宜止于
> 敬。不特此也,凡社会皆以一人兼君
> 臣二役,师长对生徒为君,对学校为
> 臣,乃至天子对天下为君,对天为臣。
> 儒家所谓君臣,应作如是解。

君,反是则君不君。臣如何始得为臣? 以其履行对君的道德责任故谓
之臣,反是则臣不臣。父子兄弟夫妇朋友莫不皆然,若是者谓之五伦。
后世动谓儒家言三纲五伦,非也。儒家只有五伦,并无三纲。五伦全成
立于相互对等关系之上,实即"相人偶"的五种方式。故《礼运》从五之
偶言之,亦谓之"十义"(父慈、子孝、兄良、弟悌、夫义、妇听、长惠、幼顺、君仁、
臣忠)。人格先从直接交涉者体验起,同情心先从最亲近者发动起,是
之谓伦理。

　　凡伦理必有差等,"于所厚者薄,无所不薄也。"(《孟子》)故先务厚
其所不得不厚者焉,于是乎有所谓"亲亲之杀,尊贤之等"(《中庸》)。
即吾前文所谓,意识圈以吾身为中心点,随其环距之近远以为强弱
浓淡也。此环距之差别相,实即所以表现同类意识觉醒之次第及
其程度。墨家不承认之,儒家则承认之且利用之,此两宗之最大异
点也。

　　儒家欲使各人将最切近之同类意识由麻木而觉醒,有一方法焉,曰
"正名"。此方法即以应用于政治,《论语》记:

子路曰："卫君待子而为政，子将奚先？"子曰："必也正名乎。"
子路曰："有是哉！子之迂也，奚其正？"子曰："野哉，由也！君子于
其所不知，盖阙如也。名不正则言不顺，言不顺则事不成，事不成
则礼乐不兴，礼乐不兴则刑罚不中，刑罚不中则民无所措手足。故
君子名之必可言也，言之必可行也，君子于其言，无所苟而已矣。"
（《子路》）

吾侪幼读此章，亦与子路同一感想，觉孔子之迂实甚。继读后儒之
解释，而始知其深意之所存。董仲舒《春秋繁露》云：

名者，大理之首章也。录其首章之意以窥其中之事，则是非可
知，逆顺自著……（《深察名号》篇）

又云：

名生于真，非其真弗以为名。名者，圣人之所以真物也，故凡
百议（原作讥疑误）有黮黮者，各反其真，则黮黮者还昭昭耳。欲审
曲直，莫如引绳；欲审是非，莫如引名，名之审于是非也，犹绳之审
于曲直也。诘其名实，观其离合，则是非之情，不可以相谰已。
（同上）

《荀子》云：

王者之制名，名定而实
辨，道行而志通，则慎率民而
一焉……今圣王没，名守慢，
奇辞起，名实乱，是非之形不
明，则虽守法之吏、诵数之儒，亦皆乱也……异形离心交喻，异物名
实互纽，贵贱不明，同异不别。如是则志必有不喻之患，而事必有
困废之祸。（《正名》篇）

君君臣臣父父子子，则名实相应，斯可
贵。君不君臣不臣……则名不副实，
斯可贱。此文"明贵贱"当作如是解，
非指地位之尊卑言。

荀、董书中此两篇,皆《论语》正名章注脚。欲知儒家对于"正名"之义曷为如此其重视,当先略言名与实之关系。实者事物之自性相也,名者人之所命也。每一

> 《繁露·深察名号》篇举命名之一例云:"合五科以一言谓之君,君者元也,君者原也,君者权也,君者温也君者群也。"此言君之一名,含有此五种属性,必具此五乃副君名,缺一则君不君矣。

事物抽出其属性而命以一名,睹其名而其"实"之全属性具摄焉,所谓"录其首章之意以窥其中之事"也。由是循名以责实,则有同异离合是非顺逆贵贱之可言。第一步,名与实相应谓之同谓之合,不相应谓之异谓之离。第二步,同焉合焉者谓之是谓之顺,异焉离焉者谓之非谓之逆。第三步,是焉顺焉者则可贵,非焉逆焉者则可贱。持此以裁量天下事理,则犹引绳以审曲直也。此正名之指也。

正名何故可以为政治之本耶?其作用在使人"顾名思义",则麻木之意识可以觉醒焉,即如子路所假设"待子为政"之卫君,其人即拒父之出公辄也。其父蒯聩,名为人父,实则父不父;辄,名为人子,实则子不子。持名以衡其是非贵贱,则俱非也,俱贱也。使各能因其名以自警觉,则父子相人偶之意识可以回复矣。又如今中华民国号称共和,"共和"一名所含属性何如?未或能正也。从而正之,使人人能"录其首章之意以窥其中之事",以力求实际之足以副此名者,则可以使共和之名"如其真"矣,此正名之用也。

孔子正名之业在作《春秋》,庄子曰:"春秋以道名分。"(《天下》篇)董子曰:"《春秋》辨物之理以正其名,名物如其真,不失秋豪之末。"(《繁露·深察名号》篇)司马迁曰:"《春秋》文成数万,其指数千,万物聚散,皆在《春秋》。"(《太史公自序》)盖孔子手著之书,惟有一种,其书实专言政治,即《春秋》也。故孟子曰:"《春秋》,天子之事也。"其书义例繁赜,非本文所能具详。举要言之,则儒家伦理之结晶体,从正名所得的条理,将举而措之以易天下者也。故《春秋》有三世之义,始据乱,次升平,终

太平。谓以此为教，则人类意识渐次觉醒，可以循政治上所悬理想之鹄而日以向上也。

　　"仁"之适用于各人之名分者谓之义，"义者宜也"（《中庸》）。其析为条理者谓之礼，"礼者所以履也"（《礼器》）。孔子言政，以义礼为仁之辅，而孟子特好言义，荀子尤善言礼，当别于第六、七两章详解之。

第五章　儒家思想<small>(其三)</small>

儒家此种政治,自然是希望有圣君贤相在上,方能实行,故吾侪可以名之曰"人治主义"。人治主义之理论何由成立耶?儒家以为圣贤在上位,可以移易天下,所谓:

> 君子……修己以敬……修己以安人……修己以安百姓。

(《论语》)

> 君子笃恭而天下平。(《中庸》)
>
> 君子之守,修其身而天下平。(《孟子》)

问其何以能如此?则曰在上者以心力为表率,自然能如此,故曰:

> 政者正也,子帅以正,孰敢不正。(《论语》)
>
> 子欲善,而民善矣。君子之德,风也;小人之德,草也。草上之风,必偃。(同上)
>
> 上好礼,则民莫敢不敬;上好义,则民莫敢不服;上好信,则民莫敢不用情。(同上)
>
> 上老老,而民兴孝;上长长,而民兴弟;上恤孤,而民不悖。

(《大学》)

此类语句,见于儒家书中者,不可枚举。既已如此,则政治命脉,殆专系君主一人之身,故曰:

> 君仁莫不仁,君义莫不义,君正莫不正,一正君而国定矣。

（《孟子》）

惟其如此，则所谓善政者必

> 待其人而后行。（《中庸》）

惟其如此，故

> 惟仁者宜在高位。不仁者而在高位，是播其恶于众也。

（《孟子》）

虽然，仁者不出世，而不仁者接踵皆是。如何能使在高位者必皆仁者耶？儒家对此问题，遂不能作圆满解答，故其结论落到：

> 其人存则其政举，其人亡则其政息。（《中庸》）

儒家之人治主义，所以被法家者流抨击而几至于尘灭者，即在此点。敌派之论调，至叙述彼派时更定其评价，今不先赘。

吾侪今所欲讨论者，儒家之人治主义。果如此其脆薄而易破耶？果真如世俗所谓"贤人政治"者，专以一圣君贤相之存没为兴替耶？以吾观之，盖大不然。吾侪既不满于此种贤人政治，宜思所以易之，易之之术，不出二途。其一，以"物治"易"人治"。如法家所主张，使人民常为机械的受治者（法家所以为物治为机械的之理由俟于叙彼派时更详论）。其二，以"多数人治"易"少数人治"。如近世所谓"德谟克拉西"，以民众为政治之骨干。此二途者，不待辨而知其应采第二途矣，而儒家政治论精神之全部，正向此途以进行者也。

儒家深信非有健全之人民，则不能有健全之政治。故其言政治也，惟务养成多数人之政治道德、政治能力及政治习惯，谓此为其政治目的也可，谓此为其政治手段也亦可。然则挟持何具以养成之耶？则亦彼宗之老生常谈——仁义德礼等而已。就中尤以礼为主要之工具，故亦名之曰"礼治主义"。孔子尝论礼与法功用之比较曰：

> 凡人之知，能见已然，不能见将然。礼者禁于将然之前，而法者禁于已然之后……礼云，礼云，贵绝恶于未萌，而起敬于微眇，使民日徒善远罪而不自知也。(《大戴礼记·礼察》篇、《小戴礼记·经解》篇)

此言礼之大用，可谓博深切明。法禁已然，譬则事后治病之医药；礼防未然，譬则事前防病之卫生术。儒家之以礼导民，专使之在平日不知不觉间从细微地方起养成良好习惯，自然成为一健全之人民也，孔子又曰：

> 礼义以为纪……示民有常，如有不由此者，在势者去，众以为殃。(《礼运》)

法是恃政治制裁力发生功用。在此政府之下，即不能不守此政府之法。礼则不然，专恃社会制裁力发生功用，愿守此礼与否，尽可随人自由。但此礼既为社会所公认时，有不守者则视同怪物(众以为殃)，虽现在有势位之人，亦终被摈弃(在势者去)，此种制裁力虽不能谓全无流弊(第七章别论之)，然最少亦比法治的流弊较轻，则可断言。孔子于是下一决论曰：

> 道之以政，齐之以刑，民免而无耻。道之以德，齐之以礼，有耻且格。(《论语》)

此章在中外古今政治论中，实可谓为最彻底的见解。试以学校论，道之以政，齐之以刑，则如立无数规条罚则，如何如何警学生之顽，如何如何防学生之惰，为师长者则自居警察，以监视之勤干涉之周为尽职。其最良之结果，不过令学生兢兢焉期免于受罚，然以期免受罚之故，必至用种种方法以逃监察之耳目，或于条文拘束所不及之范围内故意恣恣，皆所难免。养成此种卑劣心理，人格便日渐堕落而不自觉，故曰免而无耻。道之以德，齐之以礼者，则专务以身作则，为人格的感化，专务提醒学生之自觉，养成良好之校风。校风成后，有干犯破坏者，不期而为同辈所指目，其人即亦羞愧无以自容，不待强迫，自能洗其心而革其面也，故曰有耻且格。此二术者，利害比较，昭然甚明。学校且然，国家尤甚。且如英国人者，以最善运用宪政闻于今世者也。问彼有宪法乎？无有也。有选举法议院法乎？无有也。借曰有之，则其物固非如所谓"宪令著于官府"，不过一种无文字的信条深入人心而已。然而举天下有成文宪法之国民，未闻有一焉能如英人之善于为政者，此其故可深长思也。无文字的信条，谓之习惯，习惯之合理者，儒家命之曰"礼"。故曰："礼也者，理之不可易者也。"（《乐记》）儒家确信非养成全国人之合理的习惯，则无政治可言。不此之务，而鳃鳃然朝制一法律暮颁一条告，不惟无益而徒增其害：此礼治主义根本精神所在也。

儒家固希望圣君贤相，然所希望者，非在其治民莅事也，而在其"化民成俗"（《学记》），所谓：

> 劳之，来之，匡之，直之，辅之，翼之，使自得之。（《孟子》）

政治家惟立于扶翼匡助的地位，而最终之目的乃在使民"自得"。以"自得"之民组织社会，则何施而不可者。如此则政治家性质，恰与教育家性质同。故曰："天相下民，作之君，作之师。"（《孟子》引《逸书》）吾得名之曰"君师合一主义"。抑所谓扶翼匡助，又非必人人而抚摩之也。儒家深信同类意识之感召力至伟且速，谓欲造成何种风俗，惟在上者以身先之而已。前文所引"上好礼则民莫敢不敬……"、"上老老而民兴孝……"诸义，其所重全在此一点，即以在上者之人格与一般人民人格相接触，使全人类之普遍人格循所期之目的以向上，是故：

> 民日迁善而不知为之者。（《孟子》）

此种感召力，又不徒上下之交而已，一般人相互关系，莫不有然，故曰：

> 一家仁，一国兴仁；一家让，一国兴让；一人贪暴，一国作乱；其机如此。（《大学》）

一人一家之在一国，如一血轮之在一体也。或良或窳，其影响皆立遍于全部。所谓"正己而物正"者，非独居上位之人为然也，凡人皆当有事焉。故《大学》言修身齐家治国平天下之事，而云：

> 自天子以至于庶人，壹是皆以修身为本。

由此言之，修其身以平天下，匪直天子也，庶人亦然。故：

> 或谓孔子曰："子奚不为政?"子曰："《书》云：'孝乎。惟孝友于兄弟，施于有政。'"是亦为政，奚其为为政。（《论语》）

由孔子之言，则亦可谓全国人无论在朝在野，皆"为政"之人。吾人之行动无论为公为私，皆政治的行动也。此其义虽若太玄渺而无畔岸，虽然，吾侪苟深察"普遍人格"中各个体之相互的关系，当知其言之不可易。呜呼，此真未易为"机械人生观者流"道也。

　　明乎此义，则知儒家所谓人治主义者，绝非仅恃一二圣贤在位以为治，而实欲将政治植基于"全民"之上。荀子所谓"有治人无治法"，其义并不谬，实即孔子"人能弘道，非道弘人"之旨耳，如曰法不待人而可以为治也。则今欧美诸法之见采于中华民国者多矣。今之政，曷为而日乱耶?

　　要而论之，儒家之言政治，其唯一目的与唯一手段，不外将国民人格提高。以目的言，则政治即道德，道德即政治。以手段言，则政治即教育，教育即政治。道德之归宿，在以同情心组成社会，教育之次第，则就各人同情心之最切近最易发动者而浚启之，"孩提之童，无不知爱其亲，及其长也，无不知敬其兄。"(《孟子》)人苟非甚不仁，则未有于其所最宜同情之人(父母兄弟)而不致其情者。既有此同情，即可借之为扩充之出发点，故曰：

> 君子笃于亲，则民兴于仁。故旧不遗，则民不偷。(《论语》)

又曰：

> 慎终追远，民德归厚矣。(《论语》)

全社会分子，人人皆厚而不偷，以共趋向于仁，则天下国家之治平，举而措之而已矣。何以能如是？则"施由亲始"(《孟子》)，"杀人之父者，人亦杀其父；杀人之兄者，人亦杀其兄。"(《孟子》)故"爱亲者不敢恶于人，敬亲者不敢慢于人"(《孝经》)。儒家利用人类同情心之最低限度为人人所同有者而灌植之扩充之，使达于最高限度，以完成其所理想之"仁的社会"。故曰：

> 人人亲其亲长其长，而天下平。(《孟子》)

儒家此种理想，自然非旦夕可致，故孔子曰：

> 如有王者，必世而后仁。(《论语》)

又曰：

> 善人为邦百年，亦可以胜残去杀矣。(《论语》)

后儒谓"王道无近功"，信然。盖儒家政治之目的，诚非可以一时一地之效率程也。宇宙本为不完成之物，创造进化曾靡穷期，安有令吾侪满足之一日。满足则乾坤息矣，或评孔子曰：

> 是知其不可而为之者与。

夫"不可"固宇宙之常态也，而"为之"则人之所以为人道也。孔子曰：

鸟兽不可与同群,吾非斯人之徒与而谁与? 天下有道,丘不与易也。(《论语》)

同类意识与同情心发达到极量,而行之以"自强不息",斯则孔子之所以为孔子而已。

第六章　儒家思想（其四）（孟子）

儒家政治思想，其根本始终一贯。惟自孔子以后经二百余年之发挥光大，自宜应时代之要求，为分化的发展，其末流则孟子、荀卿两大家，皆承孔子之绪，而持论时有异同，盖缘两家对于人性之观察异其出发点。孔子但言"性相近习相远"，所注重者在养成良"习"而止，而性之本质如何，未尝剖论。至孟子主张性善，荀卿主张性恶，所认之性既异，则所以成"习"之具亦自异，故同一儒家言而间有出入焉。然亦因此而于本宗之根本义益能为局部细密的发明，故今于两家特点更分别论之。

儒家政治论，本有唯心主义的倾向，而孟子为尤甚，"生于其心，害于其政，发于其政，害于其事。"（《公孙丑上》、《滕文公下》）此语最为孟子乐道。"正人心"、"格君心"等文句，书中屡见不一见。孟子所以认心力如此其伟大者，皆从其性善论出来，故曰：

> 人皆有不忍人之心，先王有不忍人之心。斯有不忍人之政矣。以不忍人之心，行不忍人之政，治天下可运诸掌。（《公孙丑上》）

何故不忍人之心，效力如此其伟大耶？孟子以为人类心理有共通之点，此点即为全人类沟通之秘钥。其言曰：

> 故凡同类者举相似也，何独至于人而疑之……口之于味也，有同耆焉；耳之于声也，有同听焉；目之于色也，有同美焉；至于心独无所同然乎。（《告子上》）

何谓心之所同然？

> 恻隐之心，人皆有之；羞恶之心，人皆有之；辞让之心，人皆有之；是非之心，人皆有之……恻隐之心，仁之端也；羞恶之心，义之端也；辞让之心，礼之端也；是非之心，智之端也……凡有四端于我者，知皆扩而充之矣。若火之始然，泉之始达，苟能充之，足以保四海。……（《公孙丑上》）

人皆有同类的心，而心皆有善端，人人各将此心扩大而充满其量，则彼我人格相接触，遂形成普遍圆满的人格。故曰"苟能充之足以保四海"也。此为孟子人生哲学、政治哲学之总出发点。其要义已散见前数章中，可勿再述。

孟子之最大特色，在排斥功利主义。孔子虽有"君子喻义，小人喻利"之言，然《易传》言"利者义之和"，言"以美利利天下"，《大学》言"乐其乐而利其利"，并未尝绝对的以"利"字为含有恶属性，至孟子乃公然排斥之。全书发端记与梁惠王问答，即昌言：

> 何必曰利，亦有仁义而已矣。王曰：何以利吾国？大夫曰：何以利吾家？士庶人曰：何以利吾身？上下交征利，而国危矣。万乘之国，弑其君者，必千乘之家。千乘之国，弑其君者，必百乘之家。万取千焉，千取百焉，不为不多矣。苟为后义而先利，不夺不厌。（《梁惠王上》）

宋牼将以利不利之说，说秦楚罢兵，孟子谓"其号不可"，其言曰：

> 先生以利说秦楚之王，秦楚之王悦于利以罢三军之师，是三军之士，乐罢而悦于利也。为人臣者，怀利以事其君；为人子者，怀利以事其父；为人弟者，怀利以事其兄。是君臣父子兄弟，终去仁义，怀利以相接，然而不亡者，未之有也。……何必曰利。（《告子下》）

书中此一类语句甚多,不必枚举。要之此为孟子学说中极主要的精神。可以断言,后此董仲舒所谓"正其谊不谋其利,明其道不计其功",即从此出。此种学说在二千年社会中,虽保有相当势力,然真能实践者已不多。及近十余年泰西功利主义派哲学输入,浮薄者或曲解其说以自便,于是孟董此学,几成为嘲侮之鹄。今不能不重新彻底评定其价值。

营私罔利之当排斥,此常识所同认,无俟多辨也。儒家——就中孟子所以大声疾呼以言利为不可者,并非专指一件具体的牟利之事而言,乃是言人类行为不可以利为动机。申言之,则凡计较利害——打算盘的意思,都根本反对,认为是"怀利以相接",认为可以招社会之灭亡。此种见解,与近世(就中美国人尤甚)实用哲学者流专重"效率"之观念正相反。究竟此两极端的两派见解孰为正当耶?吾侪毫不迟疑的赞成儒家言。吾侪确信"人生"的意义不是用算盘可以算得出来,吾侪确信人类只是为生活而生活,并非为求得何种效率而生活有绝无效率的事或效率极小的事。吾侪理应做或乐意做者,还是做去。反是,虽常人所指为效率极大者(无论为常识所认的效率或为科学方法分析评定的效率),吾侪有许多不能发现其与人生意义有何等关系。是故吾侪于效率主义,已根本怀疑。即让一步,谓效率不容蔑视,然吾侪仍确信效率之为物不能专以物质的为计算标准,最少亦要通算精神物质之总和(实则此总和是算不出来的)。又确信人类全体的效率,并非由一个一个人、一件一件事的效率相加或相乘可以求得,所以吾侪对于现代最流行的效率论,认为是极浅薄的见解,绝对不能解决人生问题。

"利"的性质,有比效率观念更低下一层者,是为权利观念。权利观念,可谓为欧美政治思想之唯一的原素。彼都所谓人权,所谓爱国,所谓阶级斗争……等种种活动,无一不导源于此,乃至社会组织中最简单最密切者如父子夫妇相互之关系,皆以此观念行之。此种观念,入到吾侪中国人脑中,直是无从理解。父子夫妇间,何故有彼我权利之可言,吾侪真不能领略此中妙谛。此妙谛既未领略,则从妙谛推演出来之人对人权利,地方对地方权利,机关对机关权利,阶级对阶级权利,乃至国对国权利,吾侪一切皆不能了解。既不能了解,而又艳羡此"时髦"学说,谓他人所以致富强者在此,必欲采之以为我之装饰品。于是如邯郸学步,新未成而故已失。比年之蜩唐沸羹不可终日者岂不以此耶? 我且勿论,彼欧美人固充分了解此观念,恃以为组织社会之骨干者也。然其社会所以优越于我者何在? 吾侪苦未能发明,即彼都人士亦窃窃焉疑之,由孟子之言,则直是"交征利"、"怀利以相接"、"不夺不餍"、"然而不亡者,未之有也"。质而言之,权利观念,全由彼我对抗而生,与通彼我之"仁"的观念绝对不相容。而权利之为物,其本质含有无限的膨胀性,从无自认为满足之一日。诚有如孟子所谓"万取千、千取百而不餍"者,彼此扩张权利之结果,只有"争夺相杀谓之人患"(《礼运》)之一途而已。置社会组织于此观念之上而能久安,未之前闻。欧洲识者,或痛论彼都现代文明之将即灭亡,殆以此也。我儒家之言则曰:

> 能以礼让为国,夫何有?(《论语》)

此语入欧洲人脑中,其不能了解也或正与我之不了解权利同。彼欲以交争的精神建设彼之社会,我欲以交让的精神建设我之社会。彼笑我懦,我怜彼犷,既不相喻,亦各行其是而已。

孟子既绝对的排斥权利思想,故不独对个人为然,对国家亦然,其言曰:

> 我能为君辟土地,充府库,今之所谓良臣,古之所谓民贼也。……我能为君约与国,国必克,今之所谓良臣,古之所谓民贼也。……(《告子下》)

又曰:

先秦政治思想史

> 争地以战,杀人盈野;争城以战,杀人盈城。此所谓率土地而
> 食人肉,罪不容于死。故善战者服上刑,连诸侯者次之,辟草莱任
> 土地者次之。(《离娄上》)

由孟子观之,则今世国家所谓军政、财政、外交与夫富国的经济政策等
等,皆罪恶而已。何也?孟子以为凡从权利观念出发者,皆罪恶之源泉
也。惟其如是,故孟子所认定之政治事项,其范围甚狭。

> 滕文公问为国。孟子曰:"民事不可缓也。"(《滕文公上》)

民事奈何?从消极的方面说,先要不扰民,所谓:

> 不违农时,谷不可胜食也。数罟不入洿池,鱼鳖不可胜食也。
> 斧斤以时入山林,材木不可胜用也。谷与鱼鳖不可胜食,材木不可
> 胜用,是使民养生送死无憾也。养生送死无憾,王道之始也。(《梁
> 惠王上》)

从积极的方面说,更要保民。保民奈何?孟子以为:

> 无恒产而有恒心者,惟士为能。若民则无恒产,因无恒心,苟
> 无恒心,放辟邪侈,无不为矣。及陷乎罪,然后从而刑之,是罔民
> 也。是故明君制民之产,必使仰足以事父母,俯足以畜妻子,乐岁
> 终身饱,凶年免于死亡。然后驱而之善,故民之从之也轻。(《梁惠
> 王上》)

政治目的,在提高国民人格,此儒家之最上信条也。孟子却看定
人格之提高,不能离却物质的条件,最少亦要人人对于一身及家族之
生活得确实保障,然后有道德可言。当时唯一之生产机关,自然是土
地。孟子于是提出其生平最得意之土地公有的主张,即井田制度。
其说则:

方里而井,井九百亩,其中为公田,八家皆私百亩,同养公田。(《滕文公上》)

五亩之宅,树之以桑,五十者可以衣帛矣。鸡豚狗彘之畜,无失其时,七十者可以食肉矣。百亩之田,勿夺其时,八口之家,可以无饥矣。(《梁惠王上》)

既已人人有田可耕,有宅可住,无忧饥寒,虽然:

饱食暖衣,逸居而无教,则近于禽兽。(《滕文公上》)

于是:

设为庠序学校以教之。(《滕文公上》)

使:

壮者以暇日,修其孝弟忠信。(《梁惠王上》)

在此种保育政策之下,其人民:

死徒无出乡,乡田同井,出入相友,守望相助,疾病相扶持,则百姓亲睦。(《滕文公上》)

孟子所言井田之制,大略如是。此制,孟子虽云三代所有,然吾侪未敢具信。或远古习惯有近于此者,而儒家推演以完成之云尔,后儒解释此制之长处,谓"井田之义,一曰无泄地气,二曰无费一家,三曰同风俗,四曰合巧拙,五曰通财货"(《公羊传·宣十五》何注)。此种农村互助的生活,实为儒家理想中最完善之社会组织。所谓"王者之民皞皞如也"(《尽心上》),虽始终未能全部实行,然其精神深入人心,影响于我国国民性者实非细也。

由是观之,孟子言政治,殆不出国民生计、国民教育两者之范围。质言之,则舍民事外无国事也,故曰:

> 民为贵,社稷次之,君为轻。(《尽心下》)

政府施政,壹以顺从民意为标准。

> 所欲,与之聚之;所恶,勿施尔也。(《离娄上》)

顺从民意奈何? 曰当局者以民意为进退:

> 左右皆曰贤,未可也;诸大夫皆曰贤,未可也;国人皆曰贤,然后察之,见贤焉,然后用之。左右皆曰不可,勿听;诸大夫皆曰不可,勿听;国人皆曰不可,然后察之,见不可焉,然后去之。(《梁惠王下》)

其施政有反于人民利益者,则责备之不稍容赦。其言曰:

> 杀人以梃与刃,有以异乎? 曰:无以异也。以刃与政有以异乎? 曰:无以异也。曰:庖有肥肉,厩有肥马,民有饥色,野有饿莩,此率兽而食人也。兽相食,且人恶之,为民父母,行政,不免于率兽而食人,恶在其为民父母也。(《梁惠王上》)

此等语调,不惟责备君主专制之政而已。今世欧美之中产阶级专制,劳农阶级专制,由孟子视之,皆所谓"杀人以政,不免于率兽而食人"者也。

儒家之教,虽主交让,然亦重正名。"欲为君,尽君道。"(《离娄下》)既不尽君道,则不能复谓之君。故:

> 齐宣王问曰:"汤放桀,武王伐纣,有诸?"孟子对曰:"于传有之。"曰:"臣弑其君可乎?"曰:"贼仁者,谓之贼,贼义者,谓之残,残贼之人,谓之一夫。闻诛一夫纣矣,未闻弑君也。"(《梁惠王下》)

儒家认革命为正当行为,故《易传》曰:"汤武革命,顺乎天而应乎人。"《革象传》孟子此言,即述彼意而畅发之耳。虽然,儒家所主张之革命,在为正义而革命,若夫为扩张一个人或一阶级之权利而革命,殊非儒家所许。何也？儒家固以权利观念为一切罪恶之源泉也。

孟子言仁政，言保民，今世学者汲欧美政论之流，或疑其奖厉国民依赖根性，非知治本，吾以为此苟论也。孟子应时主之问，自当因其地位而责之以善。所谓"与父言慈与子言孝"，不主张仁政，将主张虐政耶？不主张保民，将主张残民耶？且无政府则已，有政府，则其政府无论以何种分子何种形式组织，未有不宜以仁政、保民为职志者也。然则孟子之言，何流弊之有？孟子言政，其所予政府权限并不大。消极的保护人民生计之安全，积极的导引人民道德之向上，曷尝于民政有所障耶？

第七章　儒家思想<small>（其五）（荀子）</small>

荀子与孟子，同为儒家大师，其政治论之归宿点全同，而出发点则小异。孟子信性善，故注重精神上之扩充。荀子信性恶，故注重物质上之调剂。荀子论社会起原，最为精审，其言曰：

> 水火有气而无生，草木有生而无知，禽兽有知而无义，人有生有气有知亦且有义，故最为天下贵也。力不若牛，走不若马，而牛马为用何也？曰：人能群彼不能群也。人何以能群？曰：分。分何以能行？曰：义。故义以分则和，和则一，一则多力，多力则强，强则胜物。（《王制》）

此言人之所以贵于万物者，以其能组织社会。社会成立，则和而一，故能强有力以制服自然。社会何以能成立？在有分际。分际何以如此其重要？荀子曰：

> 万物同宇而异体，无宜而有用为人（王念孙曰：为读曰于，古同声通用，言万物于人虽无一定之宜，而皆有用于人。），数也。人伦并处，同求而异道，同欲而异知，生也（王念孙曰：生读为性。），皆有可也。知愚同，所可异也。知愚分，势同而知异。行私而无祸，纵欲而不穷，则民心奋而不可说也。……天下害生纵欲，欲恶同物，欲多而物寡，寡则必争矣。……离居不相待则穷，群而无分则争，穷者患也，争者祸也。救患除祸，莫若明分使群矣。（《富国》）

又曰：

> 礼起于何也？曰：人生而有欲，欲而不得则不能无求，求而无度量分界则不能不争，争则乱，乱则穷。先王恶其乱也，故制礼义以分之，以养人之欲，给人之求。使欲必不穷乎物，物必不屈于欲，两者相持而长，是礼之所起也。（《礼论》）

又曰：

> 分均则不偏（案当作遍），势齐则不壹，众齐则不使……夫两贵之不能相事，两贱之不能相使，是天数也。势位齐而欲恶同，物不能澹（杨注云澹读为赡）则必争，争则必乱，乱则穷矣。先王恶其乱也，故制礼义以分之。使有贫富贵贱之等足以相兼临者，是养天下之本也。《书》曰："维齐非齐。"此之谓也。（《王制》）

此数章之文极重要，盖荀子政论全部之出发点。今分数层研究之。第一层，从纯物质方面说，人类不能离物质而生活，而物质不能为无限量的增加，故常不足以充餍人类之欲望（欲多物寡，物不能赡）；第二层，从人性方面说，孟子言"辞让之心人皆有之"，荀子正与相反，谓争夺之心，人皆有之（纵欲而不穷，不能不争）；第三层，从社会组织动机说，既不能不为社会的生活（离居不相待则穷），然生活自由的相接触，争端必起（群而无分则争）；第四层，从社会组织理法说，惟有使各人在某种限度内为相当的享用，庶物质分配不至竭蹶（以度量分界，养人之欲，给人之求）；第五层，从社会组织实际说，承认社会不平等（有贫富贵贱之等，维齐非齐），谓只能于不平等中求秩序。

生活不能离开物质，理甚易明。孔子说"富之教之"，孟子说"恒产恒心"，未尝不见及此点。荀子从人性不能无欲说起，由欲有求，由求有争，因此不能不有度量分界以济其穷。剖析极为精审，而颇与唯物史观派之论调相近，盖彼生战国末，受法家者流影响不少也。荀子不承认"欲望"是人类恶德，但以为要有一种"度量分界"，方不至以我个人过度的欲望，侵害别人分内的欲望。此种度量分界，名之曰礼，儒家之礼治主义，得荀子然后大成，亦至荀子而渐滋流弊，今更当一评骘之。《坊记》云：

> 礼者，因人之情而为之节文，以为民坊者也。

"人之情"固不可拂，然漫无节制，流弊斯滋。故子游曰：

> 有直道而径行者，夷狄之道也。礼道则不然，人喜则斯陶，斯陶咏，咏斯犹（郑注：犹当为摇声之误也），犹斯舞，愠斯戚，戚斯叹，叹斯辟（郑注：辟拊心也），辟斯踊矣。品节斯，斯之谓礼。（《檀弓》）

礼者，因人之情欲而加以品节，使不至一纵而无极，实为陶养人格之一妙用。故孔子曰："礼之用，和为贵。"又曰："恭而无礼则劳，慎而无礼则葸，勇而无礼则乱，直而无礼则绞。"通观《论语》所言礼，大率皆从精神修养方面立言，未尝以之为量度物质工具。荀子有感于人类物质欲望之不能无限制也，于是应用孔门所谓礼者以立其度量分界（此盖孔门弟子早有一派，非创自荀子，特荀子集其大成耳），其下礼之定义曰：

> 礼者，断长续短，损有余益不足，达爱敬之文，而滋成行义之美者也。（《礼论》）

断长续短、损有余益不足云者，明明从物质方面说。故曰：

> 人之情，食欲有刍豢，衣欲有文绣，行欲有舆马，又欲夫余财蓄积之富也。然而穷年累世不知不足（杨注云：当为不知足），是人之情也。今人之生也，方知蓄鸡狗猪彘，又畜牛羊，然而食不敢有酒肉。余刀布，有囷窌，然而衣不敢有丝帛。约者有箧箧之藏，然而行不敢有舆马。是何也？非不欲也。几不（王念孙谓此二字涉下文而衍）

长虑顾后而恐无以继之故也。……今夫偷生浅知之属，曾此而不知也。粮食大侈，不顾其后，俄则屈安穷矣（杨注云：安，语助也，犹言屈然穷。案荀子书中安字或案字多作语助辞用），是其所以不免于冻饿操瓢囊为沟壑中瘠者也。况（案：况当训譬）夫先王之道仁义之统诗书礼乐之分乎。彼固天下之大虑也，将为天下生民之属长虑顾后而保万世也。……《荣辱》

荀子以为人类总不容纵物质上无壑之欲，个人有然，社会亦有然。政治家之责任，在将全社会物质之量，通盘筹算，使人人不至以目前"太侈"之享用，招将来之"屈穷"。所谓"欲必不穷乎物，物必不屈于欲"也。其专从分配问题言生计，正与孟子同，而所论比孟子尤切实而缜密，然则其分配之法如何？荀子曰：

> 夫贵为天子，富有天下，是人情之所同欲也。然则从人之欲，则埶不能容，物不能赡也。故先王案为之制礼义以分之，使有贵贱之等，长幼之差，知愚能不能之分，皆使人载其事而各得其宜，然后使悫（俞樾曰：悫当作穀声之误也）禄多少厚薄之称。……故或禄天下而不自以为多，或监门御旅抱关系柝而不自以为寡，故曰：斩（刘台拱曰：斩读如儳。《说文》："儳儳，互不齐也。"）而齐，枉而顺，不同而一。（《荣辱》）

荀子所谓度量分界：（一）贵贱，（二）贫富（《王制》篇所说），（三）长幼，（四）知愚，（五）能不能，以为人类身分境遇年龄材质上万有不齐，各应于其不齐者以为物质上享用之差等，是谓"各得其宜"，是谓义。将此义演为公认共循之制度，是谓礼。荀子以为持此礼义以治天下，则：

> 以治情则利，以为名则荣，以群则和，以独则足。（《荣辱》）

是故孔子言礼专主"节"（《论语》所谓不以礼节之亦不可行），荀子言礼专主

"分"，荀子以为只须将礼制定，教人"各安本分"，则在社会上相处，不至起争夺（以群则和），为个人计，亦可以知足少恼（以独则足）。彼承认人类天然不平等，而谓各还其不平等之分际，斯为真平等，故曰"维齐非齐"。然则荀子此说之价值何如？曰：长幼、知愚、能不能之差别，吾侪绝对承认之。至于贵贱贫富之差别，非先天所宜有，其理甚明。此差别从何而来？惜荀子未有以告吾侪。推荀子之意，自然谓以知愚、能不能作贵贱贫富之标准。此说吾侪固认为合理，然此合理之标准何以能实现。惜荀子未能予吾侪以满意之保障也。以吾观之，孔子固亦主张差等，然其所谓差等者与后儒异。孔子注重"亲亲之杀"，即同情心随其环距之远近而有浓淡强弱，此为不可争之事实。故孔子因而利导之，若夫身分上之差等，此为封建制度下相沿之旧，孔子虽未尝竭力排斥，然固非以之为重。孔门中子夏一派，始专从此方面言差等。而荀子更扬其波，《礼论》篇中历陈天子应如何，诸侯应如何，大夫应如何，士应如何，庶人应如何，《戴记》中《礼器》、《郊特牲》、《玉藻》……等篇，皆同此论调，断断于贵贱之礼数。其书出荀子前抑出其后，虽未能具断，要之皆荀子一派之所谓礼，与孔子盖有间矣。

荀子生战国末，时法家已成立，思想之互为影响者不少，故荀子所谓礼，与当时法家所谓法者，其性质实极相逼近。荀子曰：

> 礼岂不至矣哉。立隆以为极，而天下莫之能损益也。……故绳墨诚陈矣，则不可欺以曲直；衡诚县矣，则不可欺以轻重；规矩诚设矣，则不可欺以方圆；诸子审于礼，则不可欺以诈伪。故绳者直之至，衡者平之至，规矩者方圆之至，礼者人道之极也。（《礼论》）

法家之言曰："有权衡者不可欺以轻重，有尺寸者不可差以长短，有法度者不可诬以诈伪。"（马总《意林》引《慎子》）两文语意若合符节，不过其功用一归诸礼，一归诸法而已。究竟两说谁是耶？吾宁取法家。何也？

如荀子说，纯以计较效率为出发点，既计效率，则用礼之效率不如用法，吾敢昌言也。法度严明，诈伪不售，吾能信之，谓"审礼则不可欺以诈"，则礼之名义为人所盗用，饰貌而无实者，吾侪可以触目而举证矣。故荀子之言，不彻底之言也。慎子又曰："一兔走，百人追之；积兔于市，过而不顾；非不欲兔，分定不可争也。"荀子之以分言礼，其立脚点正与此同。质言之，则将权力之争夺变为权利之认定而已。认定权利以立度量分界，洵为法治根本精神。揆诸孔子所谓"道之以德，齐之以礼"者，恐未必然也。

复次，礼为合理的习惯，前既言之矣。欲使习惯常为合理的，非保持其弹力性不可，欲保持其弹力性，则不容有固定之条文。盖必使社会能外之顺应环境，内之浚发时代心理，而随时产出"活的良习惯"，夫然后能合理。其机括在个性与个性相摩，而常有伟大人物，出其人格以为群众表率，群众相与风而习焉；反是则"众以为殃"，斯则所谓证矣。《易传》曰："通其变，使民不倦；神而化之，使民宜之。"惟"不倦"故"宜"，此礼之所以可尊也。荀派之言礼也不然，其说在"立隆以为极，而天下莫之能损益"。吾闻之孔子矣，"殷因于夏礼，所损益，可知也。周因于殷礼，所损益，可知也。"（《论语》）未闻以莫能损益为礼之属性也。荀派所以以此言礼者，盖由当时法家者流，主张立固定之成文法以齐壹其民，其说壁垒甚坚，治儒术者不得不提出一物焉与之对抗。于是以己宗凤所崇尚之礼充之，于是所谓"礼仪三百、威仪三千"者，遂成为小儒占毕墨守之宝典，相与致谨于繁文缛节。两《戴记》所讨论之礼文，什九皆此类也。他宗非之曰："累寿不能尽其学，当年不能究其礼。"（《墨子·非儒》篇）岂不以是耶？吾侪所以不满于法治主义者，以其建设政治于"机械的人生观"之上也：如荀派之所言礼，则其机械性与法家之法何择？以《大清通礼》比《大清律例》、《大清会典》，吾未见《通礼》

孔子常言君子，君子即指有伟大人格、可以为群众表率者，如"君子笃于亲则民兴于仁"，"君子之德风，小人之德草"等，皆当如是解。

之弹力性能强于彼两书也,等是机械也。法恃国家制裁,其机械力能贯彻;礼恃社会制裁,其机械力不贯彻。故以荀派之礼与法家之法对抗,吾见其进退失据而已。要而论之,无论若何高度之文化,一成为结晶体,久之必僵腐而蕴毒,儒家所以不免有流弊为后世诟病者,则由荀派以"活的礼"变为"死的礼"使然也。虽然,凡荀子之言礼,仍壹归于化民成俗,与孔子提高人格之旨不戾。此其所以为儒也。

儒家言礼,与乐相辅,二者皆陶养人格之主要工具焉。荀子言乐,精论最多,善推本于人情而通之于治道,其言曰:

> 夫乐者乐也,人情之所必不免也。故人不能无乐,乐则必发于声音,形于动静……形而不为道,则不能无乱,先王恶其乱也,故制雅颂之声以道之,使其声足以乐而不流,使其文足以辨而不谀,使其曲直繁省廉肉节奏足以感动人之善心,使夫邪污之气无由得接焉……
>
> 凡奸声感人而逆气应之,逆气成象而乱生焉。正声感人而顺气应之,顺气成象而治生焉。……故乐行而志清……耳目聪明,血气和平,移风易俗,天下皆宁,美善相乐。故曰乐者乐也。君子乐得其道,小人乐得其欲……故乐者所以道乐也……乐行而民乡方矣。(《乐论》)

> 《荀子・乐论》篇与《小戴记》中之《乐记》,文义相同者甚多,疑《乐记》本诸《荀子》也。

此言音乐与政治之关系,可谓博深切明。"美善相乐"一语,实为

> 孔子谓韶尽美矣,又尽善也,谓武尽美矣,未尽善也。美善合一,是孔子理想的人格。

儒家心目中最高的社会人格,社会能如是,则天下之平,其真犹运诸掌也。故儒家恒以教育与政治并为一谈,盖以为非教育则政治无从建立,既教育则政治自行所无事也。

第八章　道家思想（其一）

道家哲学，有与儒家根本不同之处。儒家以人为中心，道家以自然界为中心。儒家道家皆言"道"，然儒家以人类心力为万能，以道为人类不断努力所创造，故曰："人能弘道，非道弘人。"道家以自然界理法为万能，以道为先天的存在且一成不变，故曰：

> 人法地，地法天，天法道，道法自然。（《老子》）

道何自来耶？彼宗以为：

> 有物混成，先天地生。寂兮寥兮，独立不改，周行而不殆，可以为天下母。吾不知其名，字之曰道。（《老子》）

道不惟在未有人类以前而且在未有天地以前早已自然而然的混成，其性质乃离吾侪而独立，且不可改。因此之故，彼宗以为以人类比诸道所从出之"自然"，则人实极么么且脆弱，故曰：

> 吾在天地之间，犹小石小木之在大山也。（《庄子·秋水》篇）

此天地间么么脆弱之人类，只能顺着自然界——最多不过补助一二，而不能有所创造。故老子曰：

> 以辅万物之自然而莫敢为。

韩非子引喻以释之曰：

> 宋人有为其君以象为楮叶者，三年而成。丰杀茎柯，毫芒繁

泽,乱诸楮叶之中而不可别也。此人遂以功食禄于宋邦。列子闻
之曰:"使天地三年而成一叶,则物之有叶者寡矣。"故不乘天地之
资,而载一人之身,不随道理之数,而学一人之智,此皆一叶之行
也。故冬耕之稼,后稷不能羡也;丰年大禾,臧获不能恶也。以一
人力,后稷不足,随自然则臧获有余,故曰恃万物之自然而不敢为
也。(《喻老》)

此论正否认人类之创造能力,以为吾人所自托为创造者,其在自然界
中,实眇小不足齿数。以吾观之,人类诚不能对于自然界有所创造,其
所创造者乃在人与自然界之关系及人与人之关系。虽然,彼宗不承认
此旨,盖儒家以宇宙为"未济"的,刻刻正在进行途中。故加以人工,正
所以"弘道",道家以宇宙为已"混成"的再加人工,便是毁坏他。故老
子曰:

> 为者败之,执者失之。

庄子设喻曰:

> 南海之帝为儵,北海之帝为忽,中央之帝为浑沌,儵与忽时相
> 与遇于浑沌之地,浑沌待之甚善,儵与忽谋报浑沌之德,曰:人皆
> 有七窍以视听食息,此独无有,尝试凿之。日凿一窍,七月而浑沌
> 死。(《应帝王》)

彼宗认"自然"为绝对的美、绝对的善,故其持论正如欧洲十九世纪末卢
梭一派所绝叫的"复归于自然",其哲学上根本观念既如此,故其论人生
也,谓:"含德之厚,比于赤子……骨弱筋柔而握固……精之至也。终日
号而不嘎,和之至也。"(《老子》)比言个人之"复归于自然"的状态也。其
论政治也,谓:

> 民莫之令而自正。(《老子》)

此与儒家所言"子率以正,孰敢不正"正相针对。又谓:

> 我无为而民自化,我好静而民自正,我无事而民自富,我无欲
> 而民自朴。(《老子》)

此与儒家所言"上好礼则民莫敢不敬……"、"君子笃于亲则民兴于
仁……"等语,其承认心理感召之效虽同,然彼为有目的的选择,此为无
成心的放任,两者精神乃大殊致。道家以为必在绝对放任之下,社会乃
能复归于自然,故其对于政治,极力的排斥干涉主义,其言曰:

> 马,蹄可以践霜雪,毛可以御风寒,龁草饮水,翘足而陆(司马彪
> 云:陆,跳也),此马之真性也。虽有义台路寝,无所用之。及至伯乐
> 曰:"我善治马。"烧之,剔之,刻之,雒之,连之以羁馽,编之以皂栈,
> 马之死者十二三矣。饥之,渴之,驰之,骤之,整之,齐之,前有橛饰
> 之患,而后有鞭策之威,而马之死者已过半矣。陶者曰:"我善治
> 埴,圆者中规,方者中矩。"匠人曰:"我善治木,曲者中钩,直者应
> 绳。"夫埴木之性,岂欲中规矩钩绳哉。然且世世称之曰:"伯乐善
> 治马,而陶匠善治埴木。"此亦治天下者之过也。(《庄子·马蹄》篇)

"龁草饮水,翘足而陆",此为马之自然状态。伯乐治马,则为反于自然,
陶匠之于植木也亦然。道家以人类与马及埴木同视,以为只要无他力
以挠之,则其原始的自然状态,便能永远保存。其理想的人类自然社会
如下:

> 小国寡民,使有什伯之器而不用,使民重死而不远徙。虽有舟
> 舆,无所乘之;虽有甲兵,无所陈之;使人复结绳而用之。甘其食,
> 美其服,安其居,乐其俗,邻国相望,鸡犬之声相闻,民至老死不相
> 往来。(《老子》)

然则现社会何故不能如此耶? 道家以为:

　　罪莫大于可欲，祸莫大于不知足，咎莫大于欲得。(《老子》)

救之之法，惟有：

　　见素抱朴，少私寡欲。(《老子》)

惟有：

　　常使民无知无欲。(《老子》)

　　然则人性究以"不知足"、"欲得"为自然耶？抑以"知足"、"不欲得"为自然耶？换言之，人类自然状态究竟有私有知有欲耶？抑本来无知少私寡欲耶？道家之指，乃大反于常识之所云，彼盖以未凿窍之浑沌为人类自然状态，则无知无私无欲，其本来矣。然则本来无知无私无欲之人何故忽然有知有私欲且多私欲耶？彼宗分两层答此问题。第一层，谓由自然界之物质的刺戟，所谓：

　　五色令人目盲，五音令人耳聋，五味令人口爽。(《老子》)

曷由使之复归于自然耶？曰：

　　不见可欲，使民心不乱。(《老子》)

　　第二层，谓由人事界之政治的或社会的诱惑及干涉，所谓：

　　天下多忌讳而民弥贫；民多利器，国家滋昏；人多伎巧，奇物滋起；法令滋彰，资贼多有。(《老子》)

曷由使之复归于自然耶？曰：

　　绝圣弃知，大盗乃止；擿玉毁珠，小盗不起；焚符破玺，民乃朴鄙；掊斗折衡，而民不争。(《庄子·胠箧》篇)

　　质言之，吾侪所谓文明或文化者，道家一切悉认为罪恶之源泉。故文字，罪恶也；知识，罪恶也；艺术，罪恶也；礼俗，罪恶也；法律，罪恶也；

政府,罪恶也;乃至道德条件,皆罪恶也。然则彼宗对于政治究作何观念耶? 彼之言曰:

> 常有司杀者杀,夫代司杀者杀,是谓代大匠斫,夫代大匠斫者,希有不伤其手者矣。(《老子》)

彼宗盖深信"自然法"万能,儒家亦尊自然法,但儒家言"天工人其代之",谓自然法必借"人"而后能体现也。而彼宗则以自然为不容人代也。故又曰:

> 闻在宥天下,未闻治天下也。在之也者,恐天下之淫其性也;宥之也者,恐天下之迁其德也。天下不淫其性,不迁其德,有治天下者哉。(《庄子·在宥》篇)

"在宥"云者,使民绝对自由之谓也。曷为能使民绝对自由? 释以俗语则曰"别要管他",文言之则曰"无为",故曰:

> 涤除玄览,能无疵乎? 爱民治国,能无知乎? 天门开阖,能无雌乎? 明白四达,能无为乎?(《老子》)

彼宗于是分治术为数等,曰:

> 上德(案:上同尚),无为而为以为(案:据《韩非子·解老》篇,"以"字当为"不"字之讹);上仁,为之而无以为;上义,为之而有以为;上礼,为之而莫之应,则攘臂而扔之。故失道而后德,失德而后仁,失仁而后义,失义而后礼。(《老子》)

其意谓上德者以无为为为也;上仁者,无所为而为;上义者,有所为而为;上礼者,则为其所不能为也。彼又将人民对于此四种治术所起之反应列为等第,曰:

> 太上,下不知有之;其次,亲而誉之;其次,畏之;其次,侮之。(《老子》)

所云太上,盖指尚德者;其次其次……则尚仁尚义尚礼者,而尚德之治,结果则:

> 功成事遂,百姓皆谓我自然。(《老子》)

此即政治上之复归于自然也。百姓各自谓此我之自然而然,而不知有其上,此为道家之理想的政治。质言之,即"无治主义"也。道家以彼宗之哲学为出发点,以至政治上得此种结论,今请评其得失。

道家之大惑,在以人与物同视,"龁草饮水,翘足而陆",诚为马之自然的状态,世苟无治马之伯乐,则马必能长保此状态。而马即常得其所,此吾侪所绝对承认也。顾所当注意者,马中无伯乐,而伯乐非马,伯乐乃立乎"马的全体"之外,而伤害马的"自然之朴",人类何如耶? 处此自然状态中(指道家所谓自然状态言耳)者固"人",厌此自然状态,坏此自然状态者亦"人"也。且人究以何者为其自然状态耶? 彼宗之说,以"埴木之性不欲中规矩钩绳",喻"人之性不欲中……",然埴与木固确然无知无欲也,中规矩钩绳,乃"陶者匠者"之欲,人类何如耶? 人性确欲"中……"、"中……",而非有立乎其外如"陶者匠者"者强之使"中"。他勿具论,即彼老子庄子,岂非自欲"中"其"无欲无为之规矩钩绳",且欲人人皆中此规矩钩绳者哉? 谁欤为陶匠以矫揉老庄之自然、而使之"中"此者,故知"不欲中规矩钩绳"者,为埴木之性之自然(?),欲如何欲如何者,正乃人性之自然也。而彼宗必欲反此自然、灭此自然,则虐马之伯乐,矫揉埴木之陶匠,非他宗而彼宗也。质言之,则戕贼自然者莫彼宗若也,彼宗谓有欲为非自然的,然"欲"之从何来? 则第一层指为受自然界之刺戟,如所谓"五色令人目盲……"云云者,夫自然界之有五色声味,自然界之自然状态也。人类之有耳目舌,又人类之自然状态也。今谓色声味戕贼耳目舌,岂非自然戕贼自然耶? 欲使彼自然勿戕贼此自然,其术乃在"不见可欲,使民心不乱"。殊不知能见可欲者乃目之自然，能见而使之不见，孰自然，孰不自然耶？荀子曰：

> 今使人生而未尝睹刍豢稻粱也，惟菽藿糟糠之为睹，则以至足为在此也。俄而粲然有秉刍豢稻粱而至者，则瞷然视之曰："此何怪也。"彼臭之而无嗛于鼻，尝之而甘于口，食之而安于体，则莫不弃彼而取此矣。（《荣辱》篇）

此即见可欲而心乱之说也。夫此正乃人类自然状态之所不能避者也，而"明自然"之彼宗乃欲杜灭之何也？彼宗论"欲"之第二来源，归诸人为的诱惑，谓假使无"刍豢稻粱"，则终无以夺"糠糟菽藿"，斯或然也，殊不思"刍豢稻粱"，非由天降，非由地出，非彼自出，人实好之。质言之，凡"人为"云者，皆"人"所为也。人能有所为且不能不有所为，即人之自然状态也，彼言"绝圣弃智，民利百倍"，"法令滋彰，盗贼多有"，夫人之能为圣智法令也，犹其能为刍豢稻粱也，皆其自然彼言"剖斗折衡而民不争"，夫人能争，人能为斗衡以求免争，人又能争于斗衡之中，皆其自然，而"明自然"之彼宗乃欲杜灭之何也？

要而论之，彼宗不体验人生以求自然，乃以物理界或生物界之自然例人生之自然，于是欲以人所能弘之道弘人，结果处处矛盾而言之不复能成理。此真庄子所谓"其所谓道者非道，而所言之韪不免于非"（《天下》篇也）。孟子曰："生于其心，害于其政，发于其政，害于其事。"道家既否定人类有创造性能，且认人为的文化皆为罪恶，然而事实上人类终不能以彼宗所谓"无为"者为常态也。则如之何？曰：吾姑为消极受动的"为"，不为积极自动的"为"，其秘诀在：

> 不敢为天下先。（《老子》）

在：

> 以天下之至柔，驰骋乎天下之至刚。（《老子》）

庄子尝总述老子学说之要点曰：

> 知其雄，守其雌，为天下溪；知其白，守其黑，为天下谷；人皆取
> 先，己独取后，曰受天下之垢；人皆取实，己独取虚，无藏也故有余，
> 岿然而有余，其行身也。徐而不费，无为也而笑巧；人皆求福，己独
> 曲全，曰苟免于咎。……曰：坚则毁矣，锐则挫矣。……（《天下》篇）

《庄子》书中言此意者亦最多，如：

> 今之大冶铸金，金踊跃曰："我且必为镆铘。"大冶必以为不祥
> 之金。……（《大宗师》篇）

如：

> ……是不材之木也，无所可用，故能若是之寿。（《人间世》篇）

　　此等论调，其病仍在混人、物为一谈，吾侪为金耶？为木耶？诚宜如此。虽然，吾侪人也。使人性果能为庄子所谓"祥金"与"不材之木"，亦曷尝非善事，然而

> 不为天下先，与儒家所谓礼让若相近，而实大异。礼让由同情心发出，其性质属于社会的，不为先之目的，在以不材保天年，其性质纯为个人的。

不能——以反于自然状态故不能，不能而以此导之，结果徒教取巧者以藏身之固耳。"子路问政，子曰：先之……"此与彼宗"不敢为天下先"之义最相反者也。《易传》言，"君子以自强不息"，《中庸》言，"不变塞焉强哉矫"，《孟子》言，"浩然之气，至大至刚"，此与彼宗"柔弱胜刚强"之义最相反者也。欲以人弘道耶？非有为之先者不可，非刚强不可，而道家以为是不"毁"则"挫"，而惟当"不为先"以"曲全"而"苟免于咎"。吾侪诚不解"曲全免咎"在人生中有何意义有何价值，而宇宙间从何处有不毁不挫之事物，又岂直坚与锐而已。故彼宗之说，徒奖励个人之怯懦

巧滑的劣根性,而于道无当也。呜呼! 此种学说,实形成我国民性之主要部分,其影响于过去及将来之政治者非细也。

然则道家思想竟无价值耶? 是又不然。

其一,彼宗将人类缺点,无容赦的尽情揭破,使人得反省以别求新生命,彼宗之言曰:

> 大道废,有仁义;慧智出,有大伪;六亲不和,有孝慈;国家昏乱有忠臣。(《老子》)

又曰:

> 为之斗斛以量之,则并与斗斛而窃之;为之权衡以称之,则并与权衡而窃之;……为之仁义以矫之,则并与仁义而窃之;……彼窃钩者诛,窃国者为诸侯。诸侯之门而仁义存焉,是非窃仁义圣知耶?(《庄子·胠箧》篇)

彼宗固极力诅咒文明者也,然文明之本质,孰敢谓其中不含有宜诅咒者存。古今来人类所谓文明,大部分皆为拥护强者利益之工具,此其宜诅咒者一也。即不尔,而文明成为结晶体之后,流弊必滋,故曰:"水积则生相食之鱼,土积则生自穴

> 罗素最心醉道家言,盖彼正诅咒现代文明之一人也。

之兽,礼义饰则生伪匿之本。"(《淮南子·齐俗训》)凡烂熟之文明,必流为形式的以相率于伪,此其宜诅咒者二也。道家对于此等毒害之文明,揭破其假面目,高叫赤裸裸的"自然"一语以逼之,使如汤沃雪,实刷新人心之一良剂。夫自然主义之为物,能使人怀疑烦闷乃至洶惧而失其所守,或益招社会之混乱。此征诸近代之欧洲而最易见者也。虽然,此如药轻瞑眩,乃可以瘳疾。故刷新人心以求第二期之创造,必以此为驱除难焉,此即道家学说之价值也。

其二，道家最大特色，在撇却卑下的物质文化，去追寻高尚的精神文化，在教人离开外生活以完成其内生活。此种见解，当时最流行之儒墨两家皆不如此说，而实为道家所独有。精神文化与内生活究是何物，道家所言是否得其真，此属别问题。但此为人生最高目的，吾人决当向此路进行，此吾所绝对承认毫不迟疑者也。离却外生活有内生活，在常识上几无从索解。吾侪亦深信此种生活不能适用于一般人——不能作为社会教育或政治的一种标帜。但吾侪不谓此事为不可能，盖人类之自由意志，吾侪虽不敢指为万能，然确信其力之伟大实不可思议。自己欲作何种生活，最少可以凭自己意力作一大半主，故将物质生活减杀至最低限度，而将精神生活发育到最高限度，人类实有此可能性。道家观察人生之出发点。谓：

> 其耆欲深者，其天机浅。（《庄子·大宗师》篇）

救治之法在：

> 去甚，去奢，去泰。（《老子》）
>
> 为道日损，损之又损，以至于无为，无为而无不为。（《老子》）

其理想的人生，则：

> 生而不有，为而不恃长而不宰。（《老子》）

谓信能如此，则：

> 既以为人己愈有，既以与人己愈多。（《老子》）

此种生活，不以生活为达任何目的之手段，生活便是目的。换言之，则为生活而生活——为学问而学问，为劳作而劳作。再换言之，则一切皆"无所为而为"。再换言之，则将生活成为艺术化，夫生活成为艺术化，则真所谓"既以为人己愈有，既以与人己愈多"矣。此种生活，虽非尽人而能，然智慧愈多者，其可能性愈大，则其章章也。天下之大患，在有智慧之人耽溺于私欲，日出其智慧以扩张其溪壑无厌的物质生活，于是所产生劣等文化愈丰，而毒害社会亦愈甚。道家欲救此病，故以"见素抱朴，少私宽欲"为教，其哲学基础在此，其政治思想基础亦在此。此果为复归于自然耶？吾不敢承，吾以为老子庄子所活动之遗迹，与其主义矛盾，彼辈实努力为"反自然的创造"，而所创造者则人类极有价值的作品也。

第九章　道家思想_{（其二）}

老子辈所倡此种自然主义,基本质固含有"个人的"、"非社会的"、"非人治的"倾向,故其末流乃生四派:

一、顺世的个人主义。代表者杨朱。

二、遁世的个人主义。代表者陈仲。

三、无政府主义。代表者许行。

四、物治主义。代表者慎到。

第一,杨朱与墨翟齐名,其言盈天下,孟子、庄子书中屡称之,而著述言论无传焉。其学说有一最鲜明之旗帜,曰"为我",即孟子所称:

> 杨子取为我,拔一毛而利天下,不为也。

此外则东晋晚出之伪《列子》八篇,其第七篇题曰"杨朱",述朱说颇详。吾侪虽不敢具信为真,但其中一部分容或出自古籍而为作伪者所采入,今姑据之以观此一派的面目。如伪《列子》之说,则杨朱哲学根本观念,在感人生之无常,而务当时之适意,其言曰:

> 太古之人,知生之暂来,死之暂往,故从心而动,不违自然……从性而游,不逆万物……

然则所谓从心而动者何如? 彼以为:

> 肆之而已,勿壅勿阏……恣耳之所欲听,恣目之所欲视,恣鼻之所欲向,恣口之所欲言,恣体之所欲安,恣意之所欲行。

此其为道,若与老子"去奢去泰,少私寡欲"之旨相反,但以言自然主义耶? 必如杨朱,乃真为赤裸裸的彻底的自然,若老庄乃正吾所谓"反自然"者也。然则此派对于政治之为物作何感想耶? 论理,此种极端的个人主义,其性质是纯然"非政治的"。虽然,吾国哲学家,从未有肯抛弃政治问题不谈者,《杨朱》篇有托为子产之兄弟与子产谈治道之一段曰:

> 夫善治外者,物未必治,而身交苦;善治内者,物未必乱,而性交逸。以若之治外,其法可暂行于一国,未合于人心。以我之治内,可推之于天下,君臣之道息矣。

其意不外排斥干涉主义,以为只要人人绝对的自由,天下自然太平,故曰:

> 损一毫利天下,不与也;悉天下奉一身,不取也。人人不损一毫,人人不利天下,天下治矣。

此说从何处得哲学上根据耶? 彼之言曰:

> 知之所贵,存我为贵;力之所贱,侵物为贱。然身非我有也,既生不得不全之;物非我有也,既有不得不(案:此字据下文当衍)去之。……虽全生身,不可有其身;虽不去物,不可有其物。有其物,有其身,是横私天下之身,横私天下之物……公天下之身,公天下之物,其唯至人矣。

其意以为人类乃自然界之一物。以自然界其他之物养此物,以终其天年,实际上并无所谓自私焉。此派论调,纯属所谓"颓废思想",诚无深辩之价值。然极端的自然主义,结果必产此种思想,且在彼必能言之有故持之成理,故克与儒墨三分天下也。

第二,陈仲子,亦称田仲,孟子同时人。荀子以之与史鰌并称,列于"十二子"之一,盖亦当时一有力之学者,据孟子所说:

> 仲子,齐之世家也。兄戴,盖禄万钟。以兄之禄为不义之禄而不食也,以兄之室为不义之室而不居也,避兄离母,处于於陵。
>
> 居於陵,三日不食。耳无闻,目无见也。井上有李,螬食实者过半矣。匍匐往将食之,三咽然后耳有闻目有见。
>
> 仲子所居之室,所食之粟,彼身织屦,妻辟纑以易之。(《滕文公下》)

陈仲之学,固不必纯出道家,然彼与齐王同姓,实当时一烜赫之贵族,而其生活如此,必有极深刻之人生观存焉。彼盖将物质生活克减至最低限度以求有所养也。其生活方式,与杨朱一派正相反,然其为极端的个人主义则一也。故荀子非之曰:

> 忍情性,綦谿利跂,苟以分异人为高,不足以合大众,明大分。
>
> (《非十二子》)

言其为非社会的生活,不足以合群也。韩非子亦言,"田仲不恃仰人而食",可知彼盖以"各人只许享用自己劳作之结果"为教。就他宗观之,正所谓"离居不相待则穷"矣,故赵威后问齐使亦云:

> 於陵仲子尚存乎?是其为人也,上不臣于王,下不治其家,中不索交诸侯,此率民而出于无用者,何为至今不杀耶?(《战国策·赵策》)

可见此派学说,在当时颇有势力,故能动异国之君之问,而亦以非社会的生活故,故以"无用"为时流所恶也。

第三,当时有明目张胆主张无政府主义者,其代表人物曰许行。许行与孟子同时,其学说略见《孟子》书中:

> 有为神农之言者许行,自楚至滕,踵门而告文公曰:"远方之人,闻君行仁政,愿受一廛而为氓。"文公与之处,其徒数十人,皆衣

褐,捆屦织席以为食。陈良之徒陈相……见许行而大悦,尽弃其学而学焉。陈相见孟子,道许行之言曰:"滕君则诚贤君也。虽然,未闻道也。贤者与民并耕而食,饔飧而治。今也滕有仓廪府库,则是厉民而以自养也。恶得贤。"(《滕文公下》)

《汉书·艺文志》将此派列于九流之一,号为"农家",且评之曰:

> 以为无所事圣王,欲使君臣并耕,悖上下之序。

此派盖兼受道墨两家之影响,其主张个人刻苦似墨家,然墨家认强有力之政府为必要。此派不然,其所理想之社会,正如老子所称"小国寡民……"云云也。其宗旨在绝对的平等,人人自食其力——各以享用自己劳作之结果为限,无上下贵贱之分,老子曰:"民之饥,以其上食税之多,是以饥。"许子宗此义,故以有仓廪府库为万民自养,结论要归诸无政府。

许子不惟要人平等也,并物亦要平等。其言曰:

> 从许子之道,则市贾不二,国中无伪。虽使五尺之童适市,莫之或欺;布帛长短同,则价相若;麻缕丝絮轻重同,则价相若;五谷多寡同,则价相若;屦大小同,则价相若。

此其说甚奇特,彼盖专计量而不计质,布与帛本不同价也,彼但问长短同不同而不问其为布为帛;稻粱与芋菽本不同价也,彼但问多寡同不同而不问其为稻为菽;若此者,吾得名之曰"齐物主义"。其理论出发于老子所谓"不贵难得之货,使人不为盗",欲以物观的准则,改变人类贵帛贱布……之心理,彼以为物之价值有贵贱,非物自性,由人命之耳。能灭人类所谓贵贱之观念,则物固夷然平等也。孟子斥之曰:"夫物之不齐,物之情也。或相倍蓰,或相什伯,或相千万,子比而同之,是乱天下也。"孟子所驳,固合于常识,然离却人类之主观而云"物之不齐,为物之情"，其能否遂使许行折服，又为别问题矣。

第四，《史记》以老庄申韩同传，后人往往疑其不伦，其实不然。韩非子，世共认为法家之集大成者也，而其书有《解老》、《喻老》等篇；《淮南子》，道家言之渊府也，而书中主张法治者最多。盖道法二家，末流合一，事实昭然也。夫以尊自由宗虚无之道家，与主干涉综核名实之法家，其精神若绝不相容，何故能结合以冶诸一炉耶？此研究古代学术最重要且最有趣之一问题也。以吾观之，两宗有一共同之立脚点焉，曰"机械的人生观"。道家认宇宙为现成的，宇宙之自然法，当然亦为现成的，人类则与万物等夷。同受治于此种一定的因果律之下，其结果必与法家所谓法治思想相契合而冶为一，有固然也，就中有一人焉，其学说最可以显出两宗转折关键者，曰慎到。《慎子》四十二篇，《汉书·艺文志》列诸法家。今其书已佚，由后人集成五篇。此人为法家开宗之人，殆学者所同认也，然而《庄子·天下》篇述其学说概略，则云：

> 彭蒙，田骈，慎到，……齐万物以为首……知万物皆有所可有所不可，故曰：选则不遍，教则不至，道则无遗者矣。……是故慎到弃知去己而缘不得已，泠汰（郭注：泠汰犹听放也）于物以为道理……椎拍輐断，与物宛转，舍是以非，苟可以免，不师知虑，不知前后，魏然而已矣。推而后行，曳而后往，若飘风之还，若羽之旋，若磨石之隧，全而无非，动静无过，未尝有罪，是何故？夫无知之物，无建己之患，无用知之累，动静不离于理，是以终身无誉。故曰：至于若无知之物而已，无用贤圣，夫块不失道。豪杰相与笑之曰：慎到之道，非生人之行而至死人之理，适得怪焉。

观此则慎到哲学根本观念全出道家甚明。老子教人如婴儿，庄子教人"支离其形，支离其德"，如祥金，如山木。慎子更彻底一番，教人如土块，"非生人之行而至死人之理"，其意盖谓必撤销所谓人格者以合乎

"无知之物",然后乃与自然相肖。换言之,则不为人的生活而为物的生活,更进一步,则不为生活的而为非生活的而已。彼以为"建己用知"者,恃人类主观的智能,其势必有所穷,而且决不能正确,故必"弃知去己",尊尚客观的"无知之物",然后其用不匮,此义云何? 慎子曰:

> 措钧石,使禹察之,弗能识也。悬于权衡,则厘发识矣。

钧石权衡,皆"无知之物",而其效力能比圣智之禹尤强,此即"物治主义"之根本精神也。其应用于政治,自然是舍人取法,故慎子又曰:

> 有权衡者不可欺以轻重,有尺寸者不可差以长短,有法度者不可巧以诈伪。

盖机械观的论理,势不能不归宿到此点也。此与儒家"以己度"之仁恕主义,正成两极端。而于道家精神则一贯。明乎此义,然后乃知老子所谓"无为而无不为"者作何解。夫权衡、尺寸,固常无为也。而常无不为也,如其"人"也。既无为何以能无不为,既无不为何以复谓之无为耶? 吾以为道法两家沟通之脉络全在此,其详当于记述法家时更言之。

第十章　墨家思想_(其一)

墨家唯一之主义曰"兼爱"。孟子曰："墨子兼爱，摩顶放踵利天下为之。"此语最能道出墨家全部精神。兼爱之理论奈何？墨子曰：

> 圣人以治天下为事者也，不可不察乱之所自起，当(通尝)察乱何自起。起不相爱……子自爱不爱父，故亏父而自利；弟自爱不爱兄，故亏兄而自利；臣自爱不爱君，故亏君而自利……虽父之不慈子，兄之不慈弟，君之不慈臣……皆起不相爱……盗爱其室不爱其异室，故窃异室以利其室；贼爱其身不爱人，故贼人以利其身……大夫各爱其家不爱异家，故乱异家以利其家；诸侯各爱其国不爱异国，故攻异国以利其国。(《兼爱上》)

此言人类种种罪恶，皆起于自私自利。能改易其自私自利之心，则罪恶自灭，改易之道奈何？墨子曰：

> 非人者必有以易之，若非人而无以易之……其说将必无可焉。是故子墨子曰："兼以易别。"……吾本原兼之所生，天下之大利者也。吾本原别之所生，天下之大害者也。以兼为正，是以聪耳明目，相与视听乎？是以股肱毕强。相为动宰乎？而有道肆相教诲。是以老而无妻子者，有所持养以终其寿；幼弱孤童之无父母者，有所放依以长其身。……(《兼爱下》)

此种论调，骤视若与儒家无甚异同，其实不然。墨子以"别"与"兼"对，若儒家正彼所斥为"别士"者也。兼与别之异奈何？儒家专主"以己度"，因爱己身，推而爱他人；因爱己家，推而爱他家；因爱己国，推而爱他国。有"己"则必有"他"以相对待，己与他之间，总不能不生差别，故有所谓"亲亲之杀尊贤之等"，有所谓"度量分界"。墨家以此种差别观念为罪恶根原，以为既有己以示"别"于他，一到彼我利害冲突时，则以彼供我牺牲，行将不恤。墨家谓以此言爱，其爱为不彻底，彼宗之言爱也，曰：

> 爱人，待周爱人然后为爱；不爱人，不待周不爱人。不周爱，因
> 为不爱人矣。（《小取》）

彼所云爱，以平等周遍为鹄。差别主义，结果必至有爱有不爱，彼宗以为此即"兼相爱"的反面，对于一部分人类成为"别相恶"，故曰："本原别之所生，天下之大害。"然则彼所理想之兼相爱的社会如何？彼之言曰：

> 视人之室若其室，谁窃？视人之身若其身，谁贼？视人之家若
> 其家，谁乱？视人之国若其国，谁攻？（《兼爱上》）

兼爱主义之内容大略如此。其陈义不可谓不高，然此遂足以驾儒家而上耶？吾恐不能。彼宗若能将吾身与人身吾室与人室……相对待之事实根本划除，则彼所持义当然成立。但果尔尔者，又无待彼之陈义矣。事实上既已有其室且有人之室，有其身且有人之身，而猥曰"视若视若"云云，人类观念之变易，果若是其易易乎？或难墨子曰："即善矣！虽然，岂可用哉。"墨子毅然答曰："用而不可，虽我亦将非之，焉有善而不可用者？"（《兼爱下》）

　墨家论善恶，向来皆以有用无用为标准。以为善的范围与有用的范围，定相吻合，故其答案坚决如此。然则墨子究以何种理论证明此种兼爱社会之决能实现耶？彼答案甚奇，乃以人类利己心为前提，其

言曰：

> 吾不识孝子之为亲度者，亦欲人爱利其亲与？意欲人之恶贼
> 其亲与？以说观之，即（同则）欲人之爱利其亲也。然即（同则）吾恶
> （同何）先从事即（同乃）得此，若我先从事乎爱利人之亲，然后人报
> 我以爱利吾亲乎？意我先从事乎恶贼人之亲，然后人报我以爱利
> 吾亲也。……《大雅》之所道曰："无言而不仇，无德而不报，投我以
> 桃，报之以李。"此言爱人者必见爱也，而恶人者必见恶也。（《兼
> 爱下》）

此论甚平正。与儒家所言"恕度"殆无异。所异者，儒家专从无所为而
为的同情心出发（如孟子言，见孺子将入于井一段），墨家专从计较利害心出
发耳。此当于次节别论之，今所欲质墨子者，似彼所言之心理状态，兼
耶别耶？假令爱利有实际不能兼施之时——例如凶岁，二老饥欲死，其
一吾父，其一人之父也。墨子得饭一盂，不能"兼"救二老之死，以奉其
父耶？以奉人之父耶？吾意"为亲度"之墨子，亦必先奉其父矣。信如
是也，则墨子亦"别士"也。如其不然，而曰吾父与人父等爱耳，无所择
则吾以为孟子"兼爱无父"之断案，不为虐矣。是故吾侪终以墨氏兼爱
之旨为"虽善而不可用"，不如儒家"老吾老以及人之老，幼吾幼以及人
之幼"之说之能切理而餍心也。荀子曰："墨子有见于齐，无见于畸。"
（《天论》篇）可谓确评，盖墨家仅见人类平等的一面，而忘却其实有差等
的一面为事实上所不能抹杀也。虽然，可用与否，别为一问题。而兼爱
为人类最高理想，则吾侪固乐于承认也。

墨子以"非攻"为教义之一种，其义从兼爱直接演出。其时军国主
义渐昌，说者或以为国际道德与个人道德不同，为国家利益起见，用任
何恶辣手段皆无所不可。墨子根本反对此说，其言曰：

> 今有一人，入人园圃，窃其桃李。众闻则非之，上为为政者，得

则罚之。此何也？以亏人自利也。至攘人犬豕鸡豚，其不义又甚入人园圃窃桃李。是何故也？以亏人愈多，其不义兹（同滋，益也）甚，罪益厚。至入人阑厩取人马牛者，其不仁义又甚攘人犬豕鸡豚，此何故也？以其亏人愈多，苟亏人愈多，其不仁兹甚，罪益厚。至杀不辜人也，扡其衣裘，取戈剑者，其不义又甚入阑厩取人马牛。此何故也？以其亏人愈多，苟亏人愈多，其不仁兹甚矣，罪益厚。当此天下之君子，皆知而非之，谓之不义。今至大为攻国则弗知非，从而誉之，谓之义，此可谓知义与不义之别乎？杀一人者谓之不义，必有一死罪矣。若以此说往，杀十人，十重不义，必有十死罪矣。杀百人，百重不义，必有百死罪矣。……今有人于此，少见黑曰墨，多见黑曰白，则以此人不知白黑之辩矣。……今小为非则知而非之，大为非——攻国，则不知非，从而誉之。此可谓知义与不义之辩乎？（《非攻上》）

此论真足为近代褊狭的爱国主义当头一棒，其用严密论理层层剖释，益足以证明此种"畸形爱国论"为非理性的产物也。

第十一章　墨家思想（其二）

墨家更有一特色焉，曰"交利主义"。儒家（就中孟子尤甚）以义与利为极端不相容的两个概念，墨家正相反，认两者为一，《墨经》云：

> 义，利也。（《经上》）

又云："忠，以为利而强君也。""孝，利亲也。"其意谓道德与实利不能相离，利不利即善不善的标准。若此，吾得名之曰"义利一致观念"。墨子书中，恒以爱利并举，如"兼相爱，交相利"（《兼爱》中下），"爱利万民"，"兼而爱之，从而利之"（俱《尚贤中》），"众利之所生，从爱人利人生"（《兼爱下》），"爱人者人亦从而爱之，利人者人亦从而利之"（《兼爱中》），"天必欲人之相爱相利"（《法仪》），"若见爱利国者必以告，亦犹爱利国者也"（《尚同下》）。诸如此类，不可枚举。然则彼所谓利者究作何解耶？吾侪不妨以互训明之，曰："利，义也。"兼相爱即仁，交相利即义，义者宜也，宜于人也。曷为宜于人？以其合于人用也。墨家以为凡善未有不可用者，故义即利，惟可用故谓之善。故利即义，其所谓利者，决非个人私利之谓。墨子常言：

> 中国家百姓万民之利。（《非命》上中下）
>
> 反中民之利。（《非乐上》、《非攻下》）

可见彼所谓利，实指一社会或人类全体之利益而言。然则彼曷为不曰"中义"而曰"中利"耶？彼殆以为非以利定义之范围，则观念不能明确，儒家无义战，墨家非攻，其致一也。然宋牼欲以不利说秦楚罢兵，孟子以为不可。宋牼固墨者也，墨家以不利故非攻，其言曰：

> 所攻者不利，而攻者亦不利，是两不利也。（《贵义》）

彼更为妙喻以明之曰：

> 大国之攻小国，譬犹童子之为马，童子之为马，足用而劳。今大国之攻小国，攻者（即所攻者），农夫不得耕，妇人不得织，以守为事；攻人者，亦农夫不得耕，妇人不得织，以攻为事。（《耕柱》）

以俗语释之，则“彼此不上算”而已。彼固屡言“大为攻国”者之“不义”也。何以明其不义？彼以不上算之故。明其不义，大抵凡墨家所谓利，皆含有“两利”的意思，故曰“交相利”。社会人人交相利，即社会总体之利也，彼曷为常以利为教耶？墨子曰：

> 忠信相连，又示之以利，是以终身不厌。（《节用中》）

《墨经》又云：“利，所得而喜也。害，所得而恶也。”彼盖深察夫人情欲恶之微，而思以此为之导。质言之，则利用人类“有所为而为”之本能，而与儒道两家之“无所为而为主义”恰相反也。

墨家所谓利之观念，自然不限于物质的，然不能蔑弃物质以言利，抑甚章章矣。故墨家之政治论，极注重生计问题，其论生计也，以劳力为唯一之生产要素，其言曰：

> 人固与禽兽麋鹿蜚鸟贞虫异者也，今之禽兽麋鹿蜚鸟贞虫，因其羽毛以为衣裘，因其蹄蚤以为绔屦，因其水草以为饮食，故唯（同虽）使雄不耕稼树艺，雌亦不纺绩织纴，衣食之财固已具矣。今人与此异者也，赖其力者生，不赖其力者不生，君子不强听治，即刑政乱；贱人不强从事，即财用不足。……（《非乐上》）

墨家以为人类既非劳作不能生存,则人人皆必须以劳作之义务偿其生存之权利,而且劳作要极其量,庄子称述之曰:

> 墨子称道曰:昔者禹之湮洪水……通……九州也……禹亲自操橐耜……腓无胈,胫无毛,沐甚雨,栉疾风,置万国,禹大圣也。而形劳天下如此,使后世之墨者,多以裘褐为衣,以跂蹻为服,日夜不休,以自苦为极,曰:不能如此,非禹之道也。不足谓墨……(《庄子·天下》篇)

其奖厉劳作之程度,至于"日夜不休以自苦为极"。真可谓过量的承当矣。然而墨家并非如许行之流,专重筋肉劳力而屏其他(现俄国劳农政府之见解即如此),彼承认分业之原则,以为当:

> 各从事其所能。(《节用中》)
> 各因其力所能至而从事焉。(《公孟》)

墨子设喻曰:

> 譬若筑墙然,能筑者筑,能实壤者实壤,能欣者欣(同掀),然后墙成也。为义犹是也,能谈辩者谈辩,能说书者说书,能从事者从事,然后义事成也。(《耕柱》)

故彼常言"竭股肱之力,亶(亶,同殚。殚,尽也)其思虑之智"。此与孟子言"或劳心或劳力"正同。不问筋力劳作、脑力劳作,要之,凡劳作皆神圣也。只要能吃苦能为社会服务,皆是禹之道,皆可谓"墨",惟"贪于饮食惰于从事"之人,则为"罢(同疲)不肖"(《非命上》),墨家所决不容许也。

墨家常计算劳力所生结果之多寡以审劳力之价值,而判其宜用不宜用彼有一极要之公例,曰:

> 诸加费不加利于民者,圣王弗为。(《节用中》)
> 凡费财劳力不加利者,不为也。(《辞过》)

此义云何？彼举其例曰：

衣服，适身体，和肌肤而足矣。……锦绣文采靡曼之衣，此非云益暖之情也，单（同殚，尽也）劳力，毕归之于无用也。（《辞过》）

其意以为衣服之用，取暖而已。帛视布不加暖，故制帛事业，即"加费不加利于民"，其劳力为枉耗也。就此点论，墨家亦可谓为"效率主义"或"能率主义"。只要能"加利"，则劳费非所惜，下而机器，上而社会组织等，但使有用于人生，则虽出极重之代价亦所不辞。反之若不加利，则虽小劳小费，亦所反对。最不加利者维何？则个人或特别阶级所用之奢侈品是也。墨家以为无论何人，其物质的享用，只以能维持生命为最高限度（以最低限度为最高限度），逾此限者谓之奢侈。奢侈者则为：

亏夺民衣食之财。（《非乐上》）

彼宗所以特标节用、节葬、非乐、非攻诸教条者，其精神皆根本于此。然则各人劳力所出，除足以维持自己生命外即可自逸耶？墨家于此有最精要之一道德公例焉，曰：

有余力以相劳，有余财以相分。（《尚同上》）

此二语《墨子》书中屡见不一见（《天志》、《辞过》、《兼爱》诸篇皆有）。彼所谓"交相利"者，其内容盖如是。余力相劳，即"力恶其不出于身也，不必为己"，余财相分，即"货恶其弃于地也，不必藏诸己"，就此点论，可谓儒墨一致。

墨家此种交利主义，名义上颇易与英美流（就中边沁一派）之功利主义相混。然有大不同者，彼辈以"一个人"利益为立脚点，更进则为"各个人"利益之相加而已（所谓最大多数之最大幸福）。墨家全不从一个人或各个人着想，其所谓利，属于人类总体，必各个人牺牲其私利，然后总体之利乃得见。《墨经》云：

任，士损己而益所为也。(《经上》)

任，为身之所恶以成人之所急。(《经说上》)

"害，所得而恶也。"(见上)为身之所恶，即是对于己身取害不取利，故曰"损己"。何故损己？盖有其所为(读去声)。何为？为人。非为一人，为全人也。墨家交利主义，所以能在人生哲学中有重大意义者在此。

墨家与儒家最相反之一点曰"非乐"。非乐者，质言之，则反对娱乐而已。孔子言"智者乐"，言"好之者不如乐之者"，言"乐以忘忧"，言"不改其乐"，《大学》言"乐其乐而利其利"，孟子言"君子有三乐"，言"尊德乐道"，荀子言"美善相乐"，诸如此类，更仆难数。彼宗盖以为娱乐之在人生有莫大价值。故礼乐并重，乐即所以为娱乐，《戴记》中《乐记》及荀子《乐论》言之详矣。墨家宗旨，"以自苦为极"，其非乐论，排斥音乐固矣。实则凡百快乐之具，悉皆"非"之。观《非乐》篇发端历举"钟鼓琴瑟竽笙之声，刻镂文章之色，刍豢煎炙之味，高台厚榭邃野之居"，可见也。然则其"非乐"之理由安在？彼之言曰：

> 古者圣王亦尝厚措敛乎万民以为舟车，既以(同已)成矣。曰吾将恶许用之(恶许犹言何许，言吾将何所用之也)。曰：舟用之水，车用之陆，君子息其足焉，小人休其肩背焉，故万民出财赍而予之，不敢以为戚恨者，何也？以其反中(去声)民之利也。然则乐器反中民之利亦若此，即我弗敢非也。(《非乐上》)

此言乐器之为物，"加费不加利于民"，所以可"非"。全篇之意，或言听乐废时旷事，或言奏乐劳民耗财，其大旨皆同归于此一点。质言之，仍是"上算不上算"之问题而已。吾侪于此发现墨家学说一大缺点焉。彼似只见人生之一面而不见其他一面，故立义不免矛盾，谓彼贱精神尊物质耶？是决不然。彼固明明为有最高精神生活之人，而且常以此导人者也。虽然，其以计算效率法语生活之实际也，则专以物质为其计算之范围,如何而"农夫蚤出暮入耕稼树艺"以供食,如何而"妇人夙兴夜寐纺绩织纴"以给衣(《非乐上》),如何而"丈夫年二十毋敢不处家,女子年十五毋敢不事人"以繁生殖(《节用上》),凡有妨害此等事者举皆"非"之。一若人所以能生活仅恃此者然,墨子殆万不得已姑承认人类之有睡眠耳。苟有一线之路可以不承认,恐彼行将"非"之,何也? 二十四小时中睡去八小时,则全人类劳作之产品已减其三分之一,"不上算"莫甚焉。彼之非乐论,其出发点,正类此也。"劳作能率"之说,在现代已为科学的证明,故即就上算不上算论,谓废娱乐可以增加劳作,亦既言之不能成理。老子曰:

> 三十辐共一毂,当其无有车之用。埏埴以为器,当其无有器之用。凿户牖以为室,当其无有室之用。故有之以为利,无之以为用。

墨子之非乐(反对娱乐)是仅见有之之利,而不见无之之用也。是犹筑室者以室中空虚之地为可惜,而必欲更辇瓴甓以实之也。故荀子评之曰:

> 墨子蔽于实而不知文。(《正论》篇)

盖极端的实用主义,其蔽必至如是也。程繁亦难墨子曰:

> 昔者诸侯倦于听治,息于钟鼓之乐……农夫春耕夏耘秋收冬藏,息于瓴缶之乐,今夫子曰"圣王不为乐",此譬之犹马驾而不税,弓张而不弛,无乃非有血气者之所能至耶。(《三辩》)

庄子亦痛论之曰:

> ……虽然,歌而非歌,哭而非哭,乐而非乐,是果类乎? 其生也勤,其死也薄,其道大觳,使人忧,使人悲,其行难为也。恐其不可以为圣人之道,反天下之心,天下不堪,墨子虽能独任,奈天下何? 离于天下,其去王也远矣。(《天下》篇)

庄子此论,可谓最公平最透彻。盖欲以此为社会教育上或政治上之轨则，其不可行正与道家"小国寡民……"云云者同，何也？皆"反天下之心，天下不堪"也。

抑吾侪所不慊于墨家者犹不止此，吾侪以为墨家计算效用之观念，根本已自不了解人生之为何，墨家尝难儒家曰：

> 子墨子问于儒者，曰："何故为乐？"曰："乐以为乐也。"子墨子曰："子未我应也，今我问曰：'何故为室？'曰：'冬避寒焉，夏避暑焉，室以为男女之别也。'则子告我为室之故矣。今我问曰：'何故为乐？'曰：'乐以为乐也。'是犹曰：'何故为室？'曰：'室以为室也。'"（《公孟》）

尊实利主义者，或引此以为墨优于儒之证。谓儒家只会说个"什么"，墨家凡事总要问个"为什么"，吾畴昔亦颇喜其说，细而思之，实乃不然。人类生活事项中，固有一小部分可以回答出个"为什么"者，却有一大部分回答不出个"为什么"者。"什么都不为"，正人生妙味之所存也。为娱乐而娱乐，为劳作而劳作，为学问而学问，为慈善而慈善……凡此皆"乐以为乐"之说也。大抵物质生活——如为得饱而食为得暖而衣，皆可以回答个"为什么"。若精神生活，则全部皆"不为什么"者也。试还用墨子之例以诘之曰："何故为生活？"墨家如用彼"所以为室"一类之答案，吾敢断其无一而可。最善之答案，则亦曰"生以为生"而已矣。墨家惟无见于此，此其所以"不足为圣王之道"也。

虽然，墨子固自有其最高之精神生活存，彼固以彼之自由意志力，遏其物质生活几至于零度以求完成其精神生活者也。古今中外哲人中，同情心之厚，义务观念之强，牺牲精神之富，基督而外，墨子而已。善夫庄子之言曰：

> 虽然，墨子真天下之好也，将求之不得也，虽枯槁不舍也，才士也夫。（《天下》篇）

第十二章　墨家思想(其三)

墨家政治哲学之根本观念,略已说明,今当进观其对于政治组织之见解何如。墨家论社会起原有极精到之处,而与儒家(荀子)所论微有不同,其言曰:

> 古者民始生,未有刑政之时,盖其语人异义。是以一人则一义,二人则二义,十人则十义,其人兹(同滋,益也)众,其所谓义者亦兹众。是以人是其义以非人之义,故交相非也。是以内者父子兄弟作怨恶,离散不能相和合。天下之百姓,皆以水火毒药相亏害,至有余力不能相劳,腐朽余财不以相分,隐匿良道不以相教。天下之乱,若禽兽焉。……(《尚同上》)

> 明乎民之无正长以一同天下之义,而天下乱也,是故选择天下贤良圣智辩慧之人,立以为天子,使从事乎一同天下之义。天子既以(同已)立矣,以为唯其耳目之请(毕沅云:请当为情),不能独一同天下之义。是故选择赞阅贤良圣知辩慧之人置以为三公,与从事乎一同天下之义。……(《尚同中》)

> 三公又以其知力为未足独左右天子也,是以分国建诸侯。诸侯又以其知力为未足独治其四境之内也,是以选择其次立为卿之宰。卿之宰又以其知力为未足独左右其君也,是以选择其次立而为乡长家君。(《尚同下》)

此与荀子《礼论》、《王制》诸篇所言略同。而有异者,荀子从物的方面观察，以为非组织社会无以剂物之不赡，墨子从心的方面观察，以为非组织社会无以齐义之不同。墨子所说，与欧洲初期之"民约论"酷相类。民约论虽大成于法之卢梭，实发源于英之霍布士及陆克。彼辈之意，皆以为人类未建国以前，人人的野蛮自由，漫无限制，不得已乃相聚胥谋，立一首长。此即国家产生之动机也。其说是否正当，自属别问题，而中国二千年前之墨子，正与彼辈同一见解。墨子言："明乎天下之乱生于无正长故选择贤圣立为天子使从事乎一同。"孰明之？自然是人民明。孰选择之？自然是人民选择。孰立之孰使之？自然是人民立人民使。此其义，与主张"天生民而立之君"的一派神权起原说，及主张"国之本在家"的一派家族起原说，皆不同。彼以为国家由人民同意所造成，正与民约论同一立脚点，《墨经》云：

> 君臣萌，通约也。（《经上》）

即是此意。

国家成立后又如何？墨家所主张，殊不能令吾侪满志，盖其结果乃流于专制，彼之言曰：

> 正长已具。天子发政于天下之百姓，言曰：闻善不善皆以告其上。上之所是，必皆是之；上之所非，必皆非之。（《尚同上》）

> 凡国之万民，上同乎天子而不敢下比。天子之所是，必亦是之；天子之所非，必亦非之。（《尚同中》）

篇名《尚同》，尚即上字，凡以发明"上同于天子"之一义而已。以俗语释之，则"叫人民都跟着皇帝走"也。就此点论，与霍布士辈所说，真乃不谋而合。霍氏既发明民约原理，却以为既成国以后，人人便将固有之自由权抛却，全听君主指挥。后此卢梭派之新民约论，所批评修正者即在此点。墨家却纯属霍氏一流论调，而意态之横厉又过之。彼盖主张绝对的干涉政治,非惟不许人民行动言论之自由,乃并其意念之自由而干涉之,夫至人人皆以上之所是非为是非,则人类之个性,虽有存焉者寡矣。此墨家最奇特之结论也。

墨家何故信任天子至如此程度耶?彼之言曰:

> 天子之视听也神……非神也,夫唯能使人之耳目助己视听,使人之吻助己言谈,使人之心助己思虑,使人之股肱助己动作。(《尚同下》)

然则天子又何故能如此耶?彼宗盖更有"尚贤"之义在。道家主张"不尚贤,使民不争",墨家正相反,其言曰:

> 何以知尚贤为政之本也?曰:"自贵且智者为政乎?愚且贱者则治。自愚且贱者为政乎?贵且智者则乱。……"(《尚贤中》)
>
> ……且夫王公大人……不察其知而以其爱,是故不能治百人者,使处乎千人之官;不能治千人者,使处乎万人之官……夫不能治千人者使处乎万人之官,则此官什倍也。夫治之法将以日治者也,日以治之,日不什修;知以治之,知不什益;而予官什倍,此则治其一而弃其九也。……(《尚贤中》)

此论盖针对当时贵族政治及私倖政治而言,其陈义确含真理。若今之中国,真所谓"以愚者为政于智者","不能治千人而使处乎万人之官"也。墨家以尚贤、尚同两义相结合,其所形成之理想的贤人政治则如下:

> 是故里长者,里之仁人也。里长发政里之百姓言曰:闻善而(同如,训为或)不善,必以告其乡长。乡长之所是,必皆是之;乡长之所非,必皆非之。去若(汝也)不善言,学乡长之善言;去若不善行,学乡长之善行……乡长惟能壹同乡之义,是以乡治也。乡长者

> 乡之仁人也。乡长发政乡之百姓言曰：闻善而不善，必以告国君。国君之所是，必皆是之，国君之所非，必皆非之……国君惟能壹同国之义，是以国治也。国君者国之仁人也。国君发政国之百姓言曰……天子之所是，必皆是之；天子之所非，必皆非之。……天子唯能壹同天下之义，是以天下治也。……《尚同上》

墨家以国君即一国之仁人、乡长即一乡之仁人、里长即一里之仁人为前提，则里人效法里长乃至国人效法国君，诚为最宜。问何以能得一国之仁人为国君，乃至得一里之仁人为里长，则又以天子即天下之仁人为前提，国君以下，皆由此天下之仁人所选择，而此天下之仁人固能尚贤者也。然则最后之问题，是要问如何方能使天子必为天下之仁人。以尧舜为父而有丹朱、商均，则"大人世及以为礼"，必不能常得仁人，至易见矣。故《墨子》书中，绝无主张天子世袭之痕迹。彼言"选择贤能圣智辩慧者立以为天子"，则其主张选举甚明。然由谁选耶？以何法选耶？惜墨子未有以语吾侪，吾侪欲观其究竟，须更从别方面研究之。

吾侪须知，墨子非哲学家，非政治家，而宗教家也。墨子有其极崇高极深刻之信仰焉，曰"天"，其言曰：

> 杀一不辜者必有一不祥，杀不辜者谁也？则人也。予之不祥者谁也？则天也。（《天志上》）
>
> 顺天意者，兼相爱，交相利，必得赏；反天意者，别相恶，交相贼，则得祸。（同上）
>
> 我为天之所欲，天亦为我所欲。然有不为天之所欲而为天之所不欲，则夫天亦且不为人之所欲而为人之所不欲矣。人之所不欲者何也？曰：疾病祸祟是也。（《天志中》）

篇中此类语极多。要而论之，墨家所谓天，与孔老所谓天完全不同。墨家之天，纯为一"人格神"，有意识，有感觉，有情操，有行为，故名之曰

"天志"。其言曰：

> 我有天志，譬若轮人之有规，匠人之有矩，以度天下之方圆。
> 曰：中者是也，不中者非也。（《天志上》）

墨家既以天的意志为衡量一切事物之标准，而极敬虔以事之，因此创为一种宗教，其性质与基督教最相逼近，其所以能有绝大之牺牲精神者全恃此。

明乎此义，则其政治上最高组织之从何出？可得而推也。墨家既为一个宗教，则所谓"贤良圣智辩慧"之人，惟教主足以当之。教主死后，承袭教主道统者，亦即天下最仁贤之人。墨家有一极奇异之制度焉，墨子既卒，全国"墨者"中盖公立一墨教总统，名曰"钜子"，《庄子·天下》篇云：

> 以钜子为圣人，皆愿为之尸，冀得为其后世，至于今不绝。

吾侪从先秦著述中，墨家钜子之名可考见者尚三人（孟胜、田襄子、腹䵣），盖其制度与基督教之罗马法王极相类。所异者，罗马法王由教会公举，墨家钜子则由前任钜子指定传授于后任者。又颇似禅宗之传衣钵也（看《吕氏春秋·去私》篇），由此推之，钜子即墨家所公认为天下最贤能圣智辩慧之人。所谓"立以为天子"者，宜非此莫属矣。故墨教若行，其势且成为欧洲中世之教会政治，此足为理想的政治组织耶？是殆不烦言而决矣。

墨家思想之俊伟而深挚，吾侪诚无间然。但对于个人生活方面，所谓"其道大觳，天下不堪"，此其所短也。对于社会组织方面，必使人以上所是非为是非，亦其所短也。要而论之，墨家只承认社会，不承认个人。据彼宗所见，则个人惟以"组成社会一分子"之资格而存在耳。离却社会，则其存在更无何等意义。此义也，不能不谓含有一部真理。然

139

彼宗太趋极端，诚有如庄子所谓"为之太过已之太顺"者（《天下》篇评墨家语），结果能令个人全为社会所吞没。个性消尽，千人万人同铸一型，此又得为社会之福矣乎？荀子讥其"有见于齐无见于畸"（见上），盖谓此也。

最后于墨家后学当附论数言。战国中叶以后，儒墨并称，其学派传播之广可想。其最著者，则有惠施、公孙龙一派，世称之曰"别墨"。盖专从知识论方面发展，与政治较为缘远。然惠施言"泛爱万物天地一体"（见《庄子·天下》篇），公孙龙曾与赵惠王、燕昭王论偃兵，是皆能忠于其教者。

次则有宋钘、尹文一派。宋钘即孟子之宋牼（或亦即庄子之宋荣子），其欲以"非攻"、"不利"之说说秦楚罢兵，孟子尝与之上下其议论。尹文子有著书，今存。《汉书·艺文志》列诸名家。《庄子·天下》篇以二人合论，则其学派相同可想，盖皆墨家之流裔也。《天下》篇云：

> 不累于俗，不饰于物，不苟于人，不忮于众，愿天下之安宁以活民命。人我之养，毕足而止……古之道术有在于是者。宋钘尹文闻其风而说之……语心之容，命之曰心之行……见侮不辱，救民之斗，禁攻寝兵，救世之战，以此周行天下。上说下教，虽天下不取，强聒而不舍者也。……虽然，其为人太多，其自为太少。曰：请欲固置五升之饭足矣。先生恐不得饱，弟子虽饥，不忘天下。……不以身假物，以为无益于天下者，明之不如已也。以禁攻寝兵为外，以情欲寡浅为内……

观此则两人学风及其人格的活动，殆全与墨子同。"非攻寝宾"，"虽饥不忘天下"，此其最显著者矣。"无益于天下者，则以为明之不如已"，此亦实用主义之一征也。内中宋钘之特别功绩，则在其能使墨家学说得有主观的新生命。《荀子》尝记其言曰：

子宋子曰：明见侮之不辱，使人不斗，人皆以见侮为辱，故斗也。知见侮之为不辱，则不斗矣。

子宋子曰：人之情欲寡，而皆以己之情为欲多，是过也。故率其群徒，辨其谈说，明其譬称，将使人知情之欲寡也。（《正论》篇）

墨家固常劝人勿斗。然大率言斗之两不利，是属客观计较之论也。宋子推原人何以有斗？皆因以见侮为辱而起，故极力陈说见侮之并不足为辱，使之释然。此以理性的解剖改变人之心理作用以塞斗之源也。墨家教人以自苦为极，是纯以义务观念相绳而已。宋子则以为人之性本来不欲多得而欲寡得，然则"五升之饭不得饱"，适如我所欲，非苦也而乐矣。此又以理性的解剖改变人之心理作用使共安于"人我之养毕足而止"也。庄子称之曰，"语心之容命之曰心之行"。谓其专就人之心理状态立论，而一切实践道德，皆指为内心所表现之行为也。盖墨家唯物论色彩太重，宋子宗其说而加以唯心论的修正。墨家以社会吞灭个性，宋子则将被吞之个性，从新提絜出来作社会基础，故《天下》篇以彼为崛起于墨翟、禽滑厘之外而别树一宗也。

尹文子则墨法两家沟通之枢纽，其详当于次节论之。

第十三章　法家思想(其一)

法家成为一有系统之学派，为时甚晚，盖自慎到、尹文、韩非以后。然法治主义，则起原甚早。管仲、子产时确已萌芽。其学理上之根据，则儒道墨三家皆各有一部分为之先导。今欲知其概要，当先述"法"字之意义，《说文》云：

> 灋，刑也。平之如水，从水。廌所以触不直者去之，从廌去。

荆即型字，谓模型也。故于"型"字下云，"铸器之法也"。"式"字"笵"字"模"字下皆云，"法也"。

荆与刑为两字。《说文》云"刑剄也"，以刭颈为训，与法字殊义。

型为铸器模范，法为行为模范，灋含有平直两意，即其模范之标准也，儒家之言曰：

> 是以明于天之道而察于民之故，遂兴神物以前民用。一阖一辟谓之变，往来不穷谓之通。见，乃谓之象；形，乃谓之器，制而用之谓之法。(《易·系辞传》)

所谓法者，纯属"自然法则"的意义。法之本源，在"天之道与民之故"，此道与故表现出来者谓之象，象成为具体的则谓之器。模仿此象此器制出一种应用法则来谓之法，实即"有物有则"之义也。道家之言曰：

> 人法地，地法天，天法道，道法自然。(《老子》)

亦谓以自然为人之模范也。墨家之言曰：

法，所若而然也。(《墨子·经上》)

若，如也，顺也。所若而然，以俗语释之，则"顺着如此做便对"也。彼宗又云：

效也者，为之法也；所效者，所以为之法也。故中效，则是也；不中效，则非也。(《墨子·小取》)

此即释"所若而然"之义。凡此所述，皆为广义的法。质言之，即以自然法为标准以示人行为之模范也。法家所谓法，当然以此为根本观念，自不待言，故曰：

根天地之气，寒暑之和，水土之性，人民鸟兽草木之生，物虽不甚多，皆均有焉而未尝变也，谓之则。义也，名也，时也，似也，类也，比也，状也，谓之象。尺寸也，绳墨也，规矩也，衡石也，斗斛也，角量也，谓之法。渐也，顺也，靡也，久也，服也，习也，谓之化。(《管子·七法》篇)

亦有从"法"之一观念而更析其类者，如尹文子云：

法有四呈：一曰不变之法，君臣上下是也；二曰齐俗之法，能鄙同异是也；三曰治众之法，庆赏刑罚是也；四曰平准之法，律度权衡是也。

法家所谓法，以此文之第一、二、四种为体，而以其第三种为用，是为狭义的法。彼宗下其定义曰：

法者，宪令著于官府，刑罚必于民心，赏存乎慎法，而罚加乎奸令者也。(《韩非子·定法篇》)

法者，编著之于图籍，设之于官府，而布之于百姓者也。(《韩非子难三》篇)

由此观之,此种狭义的法,须用成文的公布出来,而以国家制裁力盾乎其后,法家所谓法之概念盖如此。

法家者,儒道墨三家之末流嬗变汇合而成者也。其所受于儒家者何耶？儒家言正名定分,欲使名分为具体的表现,势必以礼数区别之,故荀子曰：

> 礼,法之大分也。(《不苟》篇)

又曰：

> 礼者,人主之所以为群臣寸尺寻丈检式也。(《儒效》篇)

以此言礼,实几与狭义之法无甚差别。彼又言,"法后王者法其法"。夫彼固以法后王为教者也。故荀子之学,可谓与法家言极相接近,韩非以荀子弟子而为法家大师,其渊源所导,盖较然矣。

法家所受于道家者何耶？道家言"我无为而民自正"。民何以能正？彼盖谓自有"自然法"能使之正也。自然法希夷而不可见闻,故进一步必要求以"人为法"为之体现,此当然之理也。及其末流,即以法治证成无为之义,慎子曰：

> 大君任法而不弗躬,则事断于法。

《淮南子》曰：

> 今乎权衡规矩,一定而不易,不为秦楚变节,不为胡越改容,常一而不邪,方行而不流,一日刑(同型)之,万世传之,而以无为为之。

法治者纯以客观的物准驭事变,其性质恰如权衡规矩。慎子所谓"无建己之患无用知之累"也。夫是以能"无为而无不为",彭蒙、慎到之流皆邃于道家言,而治术则贵任法,盖以此也。

法家所受于墨家者何耶？墨家以尚同为教，务"壹同天下之义"，其最后目的，乃在举人类同铸一型。夫欲同铸焉，固非先有型不可，则"所若而然"之"法"，其最必要矣。彼欲取所谓"一人一义、十人十义"者而"壹同"之，吾试为之譬。有一社会于此，其市中无公定之尺，势必"一人一尺，十人十尺，其人兹众，其所谓尺者亦兹众"，然则欲"壹同天下之尺"，其道奚由？亦曰以政府之力颁定所谓"工部营造尺"者而已。《尹文子》曰：

> 万事皆归于一，百度皆准于法。归一者简之至，准法者易之极。

尹文与宋钘同学风，据《庄子·天下》篇所说，则其人殆一"墨者"也。而其论治术亦归本于任法，盖尚同论之结果，必至如是也。

《汉书·艺文志》别名家于法家，而以尹文列焉。实则名与法盖不可离，故李悝《法经》，萧何《汉律》，皆著名篇，而后世言法者亦号"刑名"。尹文子论名与法之关系，最为深至，其言曰：

> 名者，名形者也。形者，应名者也。……万物具存，不以名正之则乱。万名具列，不以形应之则乖……善名命善，恶名命恶……圣贤仁智，命善者也。顽嚚凶愚，命恶者也。……使善恶画然有分，虽未能尽物之实，犹不患其差也。……名称者何？彼此而检虚实者也？自古及今，莫不用此而得用彼而失，失者由名分混，得者由名分察？今亲贤而疏不肖，赏善而罚恶，贤不肖善恶之名宜在彼，亲疏赏罚之称宜属我。……名宜属彼，分宜属我，我爱白而憎黑，韵商而舍徵，好膻而恶焦，嗜甘而逆苦，白黑商徵膻焦甘苦，彼之名也；爱憎韵舍好恶嗜逆，我之分也。定此名分，则万事不乱也。故人以度审长短，以量受少多，以衡平轻重，以律均清浊，以名稽虚实，以法定治乱，以简治烦惑，以易御险难，万事皆归于一，百度皆

准于法。归一者简之至,准法者易之极。如此,顽嚚聋瞽可与察慧聪智同其治也。

此盖合儒家所谓"名正则言顺,言顺则事成",墨家所谓"中效则是,不中效则非"之义,而归宿于以与律度量衡同性质之"法"整齐之而使归简易,则聋瞽可以与聪察同治,而道家"无为"之理想乃实现。此即法家应用儒道墨之哲理以成其学也。

第十四章　法家思想（其二）

　　当时所谓法家者流中，尚有两派与法治主义极易相混而实大不同者，一曰"术治主义"，二曰"势治主义"。

　　"法"与"术"在当时盖为相反之两名词，故《韩非子·定法》篇云："申不害言术，而公孙鞅为法。"然则法与术之别奈何？《韩非子》曰：

　　　　术也者，主之所以执也；法也者，官之所以师也。（《说疑》篇）

尹文子谓"法不足以治则用术"，其下"术"之定义，谓：

　　　　术者，人君之所密用，群下不可妄窥。

然则术治主义者，其作用全在秘密，与"编著诸图籍，布之于百姓"之公开而画一的"法"，其性质极不相容。《定法》篇语其概曰："申不害，韩昭侯之佐也；韩者，晋之

> 米奇维里 Machiavelli 1469 生 1527 死，意大利人，著有《君主政治论》一书。欧洲人以为近世初期一名著也，其书言内治外交皆须用权术，十八九世纪之政治家多视为枕中鸿秘。

别国也。晋之故法未息，而韩之新法又生；先君之令未收，而后君之令又下。申不害不擅其法，不一其宪令…… 虽用术于上，法不勤饰于官。……"由此观之，申子一派，殆如欧洲中世米奇维里辈，主张用阴谋以为操纵，战国时纵横家所最乐道，亦时主所最乐闻也。而其说实为法家正面之敌，法家所主张者，在：

　　　　奉公法，废私术。（《韩非子·有度》篇）

任法而不任智。(《管子·任法》篇)

故曰：

有道之君，善明设法而不以私防者也。而无道之君，既已设法，则舍法而行其私者也。……为人君者弃法而好行私，谓之乱。(《管子·君臣》篇)

由是观之，术盖为法家所最恶，而法家所倡道者实于好作聪明之君主最不便，此所以商鞅、吴起，虽能致国于盛强而身终为僇也。

术治主义者，亦人治主义之一种也。势治主义，其反对人治之点与法治派同，而所以易之者有异。慎子盖兼主势治之人也，其言曰：

尧为匹夫，不能治三人。而桀为天子，能乱天下。吾以此知势位之足恃，而贤智之不足慕也。(《韩非子·难势》篇引)

韩非子驳之曰：

夫势者，非能必使贤者用己，而不肖者不用己也。贤者用之则天下治，不肖者用之则天下乱。人之情性，贤者寡而不肖者众，而以威势济乱世之不肖人，则是以势乱天下者多矣，以势治天下者寡矣。……夫势者，名一而变无数者也。势必于自然，则无为言于势矣。……今曰尧舜得势而治，桀纣得势而乱，吾非以尧舜为不然也。虽然，非一人之所得设也，夫尧舜生而在上位，虽有十桀纣不能乱者，则势治也。桀纣亦生而在上位，虽有十尧舜而亦不能治者，则势乱也。……此自然之势也，非人之所得设也。若吾之言，谓人之所得设也。(《难势》篇)

浅见者流，见法治者之以干涉为职志也。谓所凭借者政府权威耳，则以与势治混为一谈。韩非此论，辨析最为谨严，盖势治者正专制行为，而法治则专制之反面也。势治者自然的惰性之产物，法治则人为的努力所创造。故彼非人所得设,而此则人所得设也,是法与势之异也。

法家非徒反对暴主之用术恃势而已,即明主之勤民任智,亦反对之。彼宗盖根本不取人治主义,初不问其人之为何等也。尹文子曰:

> 田子(田骈)读书,曰:尧时太平。宋子(宋钘)曰:圣人之治以致此乎?彭蒙在侧,越次而答曰:圣法之治以致此,非圣人之治也。宋子曰:圣人与圣法何以异?彭蒙曰:子之乱名甚矣。曰:圣人者,自己出也;圣法者,自理出也;理出于己,己非理也;己能出理,理非己也。故圣人之治,独治者也,圣法之治,则无不治矣。

此以严密论理法剖析人治法治两观念根本不同之处,可谓犀利无伦。然则曷言乎"圣法之治则无不治"耶?彼宗之言曰:

> 若使遭贤则治,遭愚则乱,则治乱续于贤愚,不系于礼乐,是圣人之术,与圣主而俱没。治世之法,逮易世而莫用,则乱多而治寡。……《尹文子》

又曰:

> 且夫尧舜桀纣,千世而一出……中者上不及尧舜,而下者亦不为桀纣。抱法则治,背法则乱。背法而待尧舜,尧舜至乃治,是千世乱而一治也。抱法而待桀纣,桀纣至乃乱,是千世治而一乱也。

(《韩非子·难势》篇)

此皆对于贤人政治彻底的攻击,以为"人存政举、人亡政息",决不是长治久安之计。其言可谓博深切明,他宗难之曰:

> 羿之法非亡也,而羿不世中,禹之法犹存,而夏不世王。故法不能独立,类不能自行。得其人则存,失其人则亡。……有君子,则法虽省,足以遍矣;无君子,则法虽具,失先后之施,不能应事之变,足以乱矣。(《荀子·君道》篇)

149

盖谓虽有良法，不得人而用之，亦属无效也。彼宗释之曰：

> 夫曰："良马固车，臧获御之，则为人笑；王良御之，则日取乎千里。"吾不以为然。夫待越人之善海游者以救中国之溺人，越人善游矣，而溺者不济矣。夫待古之王良以驭今之马，亦犹越人救溺之说也，不可亦明矣。夫良马固车，五十里而一置，使中手御之，追速致远，可以及也。而千里可日致也，何必待古之开良乎？且御非使王良也，则必使臧获败之；治非使尧舜也，则必使桀纣乱之。……此则积辩累辞，离理失实，两未之议也。（《韩非子·难势》篇）

此论大意，盖谓人无必得之券，则国无必治之符。政权无论何时，总有人把持，希望贤人政治者，不遇贤人，政权便落不肖者之手，天下事去矣。法治，则中材可守，能使"顽嚚聋瞽与察慧聪智者同其治"，所以可贵。

法家之难"人治"，犹不止此，彼又以效程之多寡及可恃不可恃为论据。其言曰：

> 言行者，以功用为之的彀者也。夫砥砺杀矢而以妄发，其端未尝不中秋毫也，然而不可谓善射者，无常仪也。设五寸之的，引十步之远，非羿逢蒙不能必中者，有常也。故有常，则羿逢蒙以五寸的为功，无常，则以妄发之中秋毫为拙。（《韩非子·问势》篇）

又曰：

> 先王悬权衡，立尺寸，而至今法之，其分明也。夫释权衡而断轻重，废尺寸而断长短，虽察，商贾不用，为其不必也。……不以法论智能贤不肖者唯尧，而世不尽为尧，是故先王知自议誉私之不可任也。故立法明分，中程者赏之，毁公者诛之。（《商君书·修权》篇）

其意谓人治主义，不得人固然根本破坏，即得人亦难遽认为成立。因为

"圣主当阳",全属天幸,偶然的事实,不能作为学理标准。学理标准,是要含必然性的(法家标准是否有必然性又另一问题,次章更论之)。

法家之难"人治",犹不止此,彼直谓虽天幸遇有贤人,仍不足以为治。其言曰:

> 释法术而心治,尧不能正一国。去规矩而妄意度,奚仲不能成一轮。……使中主守法术,拙匠守规矩尺寸,则万不失矣。(《韩非子·用人》篇)

又曰:

> 虽有巧目利手,不如拙规矩之正方圆也。故巧者能生规矩,不能废规矩而正方圆。虽圣人能生法,不能废法而治国。(《管子·法法》篇)

法家书中此类语,不可枚举。读此可知彼宗与儒家立脚点不同之处。儒家言:"规矩,方圆之至也。圣人,人伦之至也。"(《孟子·离娄》)儒家尊人的标准,故以圣人喻规矩。法家尊物的标准,故以法喻规矩。其意谓非无贤人之为患,即有贤亦不足贵也。彼宗又言曰:

> 君之智未必最贤于众也,以未最贤而欲善尽被下,则下不赡矣。若君之智最贤,以一君而尽赡下则劳,劳则有倦,倦则衰,衰则复返于人,不赡之道也。(《慎子》佚文)

此言君主不宜任智之理,最为透明。现代法治国元首不负责任,理论亦半同于此。

法家之难"人治"犹不止此,彼宗犹有最极端之一派,根本反对"尚贤",其言曰:

> 今上论材能智慧而任之,则知慧之人,希主好恶,使官制物以适主心。是以官无常,国乱而不壹。(《商君书·农战》篇)

此言以尚贤为治,则将奖厉人之饰伪以侥幸,其故何耶? 彼宗以为:

> 君人者舍法而以身治,则诛赏予夺,从君心出……(《慎子》佚文)

从君心出,则人将揣摩君心以售其私。此其为道甚危,然则所以救之者如何? 彼宗之言曰:

> 使法择人,不自举也;使法量功,不自度也。(《管子·明法》篇)

故如法家所主张,其极非至于如后世之糊名考试、抽签补官不可,盖必如此然后可免于"诛赏予夺,从君心出"也。

难者曰:法之权威如此其大,万一所立法不善,则将如何? 彼宗释之曰:

> 法虽不善,犹愈于无法,所以一人心也。夫投钩以分财,投策以分马,非钩策为均也,使得美者不知所以美,得恶者不知所以恶,所以塞愿望也。(《慎子》佚文)

质言之,则将一切主观的标准舍去,专恃客观的标准以"一人心",其标准之良不良,在彼宗乃视为第二问题,故其言曰:

> 因也者,舍己而以物为法也。(《管子·心术上》篇)

"以物为法",乃可以"无建己之患,无用知之累",是故法治主义者,其实则物治主义也。老子曰,"善者因之",彼宗以此为"因"之极则,谓必如此乃可以"无为"。故曰:

> 名定则物不竞,分明则私不行。物不竞非无心,由名定故无所措其心;私不行非无欲,由分明故无所措其欲。然则心欲人人有之,而得同于无心无欲者,制之有道也。(《尹文子》)

彼宗以为欲使道家无私无欲之理论现于实际,舍任法末由。故法家实即以道家之人生观为其人生观,太史公以老庄申韩合传,殆有见乎此也。

第十五章　法家思想_(其三)

法家论国家起原,与儒家之家族起原说、墨家之民约起原说皆有别。彼宗盖主张"权力起原说"也。其言曰:

> 古者未有君臣上下之别,未有夫妇妃匹之合,兽处群居,以力相征。于是智者诈愚,强者凌弱,老幼孤弱,不得其所。故智者假众力以禁强虐而暴人止。(《管子·君臣》篇)

法家主义,纯以人类性恶为前提,彼之言曰:"人故相憎也,人之心悍,故为之法。"(《管子·枢言》篇)然则以同情心相结合之组织,殆为彼宗所否认。虽然,其否认亦非绝对,不过视为未有国家以前之状态。换言之,则彼宗谓不能恃同情心以组织国家云尔。故其言曰:

> 天地设而民生之。当此之时,民知其母而不知其父,其道亲亲而爱私,亲亲则别,爱私则险,民生众而以别险为务,则有乱。当此之时,民务胜而力征,务胜则争,力征则讼,讼而无正则莫得其性也。故贤者立中,设无私,而民日仁。当此时也,亲亲废,上贤立矣。凡仁者以爱利为道,而贤者以相出为务(案:相出者谓才智临驾别人)。民众而无制,久而相出为道,则有乱。故圣人承之,作为土地货财男女之分。分定而无制,不可,故立禁。禁而莫之司,不可,故立官。官设而莫之一,不可,故立君。既立其君,则上贤废而贵贵立矣。(《商君书·开塞》篇)

据近世社会学者所考证,凡国家成立,大率分为三阶段。第一阶段,以血统相系属。社会组织力,则恃亲亲也。在此种社会中,纯由族中长老为政,其子弟不过附属品而已。然群中事变日赜,或对内或对外有重大问题发生,非年富力强且有特别技能之人不胜其任,则众共以诿之。于是社会组织力,渐移于上贤。社会益廓,事变益滋,以贤(包智力在内)相竞者日众,而无一定衡量之标准,则惟有将权力变为权利,立一尊以统饬之。于是社会组织力,渐移于贵贵。《商君书》此段所论,似最得其真相矣。

彼宗以为社会情状既有变迁,则所以应之者自不得不异其术。儒家所主张"行仁政",所谓"民之父母"。彼宗谓是以第一阶段之理论适用于第三阶段也,谓国家性质与家族全异,君主性质与父母全异,故反对之。其言曰:

> 今上下之接,无父子之泽,而欲以行义禁下,则交必有郄矣。且父母之于子也,产男则相贺,产女则杀之。此俱出父母之怀衽,然男子受贺,女子杀之者,虑其后,便计之长利也。故父母之于子也,犹用计算之心以相待也,而况无父子之泽乎。(《韩非子·六反》篇)

彼所言"父子犹以计算之心相待",以此为推论之出发点,其偏宕自不待言,但其将人性黑暗方面,尽情揭破,固不得不谓为彻底沉痛之论也。彼宗此种推论之结果,故对于儒家——如孟子之流者以仁义说时主,明加攻击。其言曰:

> 今学者之说人主也,皆去求利之心,出相爱之道,是求人主之过于父母之亲也。此不熟于论恩,诈而诬也。(同上)

彼宗不徒谓仁攻之迂而难行也,且根本斥其不可。其言曰:

> 明主之治国也,使民以法禁而不以廉止,母之爱子也倍父,父令之行于子者十母。吏之于民无爱,令之行于民也万父母。父母积爱而令穷,吏用威严而民听从。(同上)

然则令行民从者,将以快人主之意耶? 是又不然,彼续言曰:

> 今家人之治产也,相忍以饥寒,相强以劳苦,虽犯军旅之难、饥馑之患,温衣美食者必是家也。相怜以衣食,相惠以佚乐,天饥岁荒,嫁妻卖子者,必是家也。故法之为道,前苦而后乐;仁之为道,偷乐而后穷。圣人权其轻重,出其大利,故用法之相忍,而弃仁之相怜也。(同上)

又曰:

> 慈母之于弱子也,爱不可为前,然而弱子有僻行使之随师,有恶病使之事医,不随师则陷于刑,不事医则疑于死。慈母虽爱,无益于振刑救死,则存子者非爱也。母不能以爱存家,君安能以爱持国。(《韩非子·八说》篇)

此种议论,确含有一部分真理,此理在春秋时已多能言之者。《国语》记公父文伯之母言曰:"夫民劳则思,思则善心生。逸则淫,淫则忘善,忘善则恶心生。沃土之民不材,淫也。瘠土之民莫不向义,劳也。"(《鲁语下》)《左传》记子产临终戒子太叔之言曰:"唯有德者能以宽服民,其次莫如猛。夫火烈,民望而畏之,故鲜死焉。水懦弱,民狎而玩之,则多死焉。"(《昭二十一》)此类语,确能深察人性之微,抉其缺点而对治之。孔子答子路问政,曰,"劳之",又曰,"爱之能勿劳乎?"即是此意。法家专从此点发挥以张其军,对于孟子一派之"保姆政策"根本反对(孟子言无可议,已见第七章,兹不更论)。其意盖欲矫正人民倚赖政府之根性,使之受磨炼以求自立,不可谓非救时良药也。

彼宗大都持性恶之说，又注意物质的关系，其所以重法，凡以弭争也。其言争之所由起，立论最克实。曰：

> 古者丈夫不耕，草木之实足食也。妇人不织，禽兽之皮足衣也。不事力而养足，人民少而财有余，故民不争。……今人有五子不为多，子又有五子，大父未死而有二十五孙，是以人民众而货财寡，事力劳而供养薄，故民争。……故饥岁之春，幼弟不饟，穰岁之秋，疏客必食。非疏骨肉，爱过客也，多少之心异也。是以古之易财，非仁也，财多也；今之争夺，非鄙也，财寡也。（《韩非子·五蠹》篇）

此可谓最平恕且最彻底之论。彼宗既认争夺为人类所不能免，认多数人为环境所迫，实际上已生活于罪恶之中。谓政治之目的，在对治多数陷溺之人使免于罪戾，并非为少数良善者而设。故其言曰：

> 夫圣人之治国，不恃人之为吾善也，而用其不得为非也，恃人之为吾善也。境内不什数，用人不得为非，一国可使齐。为治者用众而舍寡，故不务德而务法。夫必恃自直之木，百世无矢；恃自圆之木，千世无轮矣。……然而世皆乘车射禽者，隐栝之道用也。虽有……自直之箭、自圆之木，良工弗贵也。何则？乘者非一人，射者非一发也。不恃赏罚而恃自善之民，明主弗贵也。何则？国法不可失，而所治非一人也。故有术之君，不随适然之善，而行必然之道。（《韩非子·显学》篇）

后儒动诃法家为刻薄寡恩，其实不然。彼宗常言：

> 不为爱民亏其法，法爱于民。（《管子·法法》篇）

以形式论，彼辈常保持严冷的面目，诚若纯为秋霜肃杀之气。以精神论，彼辈固怀抱一腔热血，如子产铸刑书时所谓"吾以救世"者（看前论第七章）。故孔子称管仲曰，"如其仁，如其仁"，称子产曰"古之遗爱"。而后世宗尚法家言之诸葛亮亦谓"示之以法，法行则知恩"也。

法治与术治、势治之异，前既言之矣。故法家根本精神，在认法律为绝对的神圣，不许政府动轶法律范围以外。故曰：

> 明君置法以自治，立仪以自正也⋯⋯禁胜于身，则令行于民。
> (《管子·法法》篇)

又曰：

> 不为君欲变其令，令尊于君。(同上)

就此点论，可谓与近代所谓君主立宪政体者精神一致。然则彼宗有何保障，能使法律不为"君欲"所摇动耶？最可惜者，彼宗不能有满意之答覆以饷吾侪。虽然，彼宗固已苦心擘画，求出一较有力的保障焉，曰使人民法律智识普及。其办法如下：

> 公(秦孝公)问公孙鞅(商君)曰：法令以当时立之者，明旦欲使天下之吏民皆明知而用之如一而无私，奈何？公孙鞅曰：为法令、置官吏，朴足以知法令之谓者(法令之谓犹言"法令讲的是什么")，以为天下正。⋯⋯诸官吏及民有问法令之所谓也，于主法令之吏，皆各以其政所欲问之法令明告之。各为尺六寸之符，明书年、月、日、时，所问法令之名，以告吏民，主法令之吏不告及之罪而法令之所谓也(案此句当有讹脱)。皆以吏民之所问法令之罪，各罪主法令之吏。⋯⋯故天下之吏民无不知法者。吏明知民知法令也，故吏不敢以非法遇民。⋯⋯此所生于法明白易知而必行。(《商君书·定分》篇)

欧洲之法律公开，率皆经人民几许流血仅乃得之。我国法家对于此一点，其主张如此诚恳而坚决，且用种种手段以求法律智识普及于一般人民，真可谓能正其本，能贯彻主义之精神也已。

第十六章　法家思想(其四)

　　法家起战国中叶,逮其末叶而大成,以道家之人生观为后盾,而参用儒墨两家正名核实之旨,成为一种有系统的政治学说。秦人用之以成统一之业。汉承秦规,得有四百年秩序的发展。盖汉代政治家萧何、曹参,政论家贾谊、晁错等,皆用其道以规画天下。及其末流,诸葛亮以偏安艰难之局,犹能使"吏不容奸,人怀自厉"(《三国志·诸葛亮传》陈寿评语),其得力亦多出法家。信哉卓然成一家之言。直至今日,其精神之一部分,尚可以适用也。虽然,此果足为政治论之正则乎? 则更有说。

　　法家最大缺点,在立法权不能正本清源,彼宗固力言君主当"置法以自治,立仪以自正",力言人君"弃法而好行私谓之乱"。然问法何自出? 谁实制之? 则仍曰君主而已。夫法之立与废,不过一事实中之两面。立法权在何人,则废法权即在其人,此理论上当然之结果也。汉时酷吏杜周,逢迎时主之意,枉法陷人,有规责之者,周答曰:

> 三尺安出哉? (案:"三尺"谓法也,孟康注云:"三尺竹简书法律也。")
> 前主所是著为律,后主所是疏为令,当时为是,何古之法乎? (《汉书·杜周传》)

此言之不可为训,固无待言。虽然,法家固言曰:"前世不同教,何古之法? 帝王不相袭,何体之循?"(《商君书·更法》篇述商鞅语)夫前主之立一法,必其对于彼以前之法有所废也。废之者谁? 即人主也。前主人主,后主亦人主,则曷为其不可以更有废也。然则杜周正乃宗法家言以为言也。夫人主而可以自由废法立法，则彼宗所谓"抱法以待，则千世治而一世乱"者，其说固根本不能成立矣。就此点论，欲法治主义言之成理，最少亦须有如现代所谓立宪政体者以盾其后，而惜乎彼宗之未计及此也。彼宗固自言之矣，曰：

> 国皆有法，而无使法必行之法。(《管子·七法》篇)

"使法必行之法"，在民本的国家之下，能否有之，且未可定。在君权的国家之下，则断无术以解决此问题。夫无监督机关，君主可以自由废法而不肯废法，则其人必尧舜也。夫待尧舜而法乃存，则仍是人治非法治也。彼宗动以衡量尺寸比法，谓以法量度人，如尺之量度布帛，衡之量度土石，殊不知布帛土石死物也，一成而不变者也。故亦以一成不变之死物如衡尺者以量度焉，斯足矣。人则活物也，自由意志之发动，日新而无朕，欲专恃一客观的"物准"以穷其态，此必不可得之数也。荀子曰：

> 法而不议，则法之所不至者必废。(《王制》篇)

一尺可以尽万物之长短，一衡可以尽万物之轻重。人心之轻重长短，试问几许之法而始能以尽之耶？法虽如牛毛，而终必有"法之所不至者"，自然之数也。恃法以为治，则法所不至之部分，或听人民自由行动，或由官吏上下其手，二者皆所谓"废"也。而天下事理，恐为法所不至者转多于为法所至者，则举者一二而废者八九也。然则彼宗所谓"万事皆归于一，百度皆准于法"者，亦空想之言而已矣。

"法而不议"，实彼宗一重要信条，故曰："令出自上，而论可与不可者在下，是威下系于民也。"(《管子·重令》篇)儒家孔孟，本不重法，故无听民议法之明文，然恒言"民之所好好之，民之所恶恶之"，则明明以民意为政治标准也。荀子固微带法治色彩者，则殊不取彼宗"不议"之说。

其言曰：

> 法而议……百事无过。……其有法者以法行，无法者以类举。
> (《王制》篇)

又曰：

> 隆礼至法则国有常……纂论(王先谦曰："《尔雅·释诂》：'纂，继
> 也.'谓使人相继议论之。")公察则民不疑。(《君道》篇)

荀子之意，以为欲法之能行，必须人民了解立法之意无所疑惑，则非使
人民对于所应守之礼与法继续讨论公开审察焉不可。如是则可以"无
过"，虽法所不至之处，亦可以"类举"而得标准。曷为能以类举耶？如
吾前文所引荀子之言(看第三章)曰：

> 以人度人，以情度情，以类度类。(《非相》篇)

孟子亦言：

> 权然后知轻重，度然后知长短，物皆然，心为甚。王请度之。
> (《梁惠王下》)

天下事理，宜有标准以量度之，吾侪所承认也。然量物与量人，决不能
混为一谈。"物准"可以量物，量人则不能以物准而惟当以"心准"。儒
家絜矩之道，所谓"所恶于上无以使下……"云云者，全以如心之恕为标
准，其矩则"心矩"心。物矩固可以一措定焉而不容异议，心矩则非"纂
论公察"焉不可也。

　　彼宗最大目的，在"不随适然之善，而行必然之道"，此误用自然界
之理法以解人事也。"必然"云者，谓有一成不变之因果律以为之支配，
吾侪可以预料其将来，持左券以责后效。如一加一必为二，轻养二合必
为水也。夫有"必然"则无自由，有自由则无"必然"。两者不并立也。

物理为"必然法则"之领土，人生为自由意志之领土，求"必然"于人生，盖不可得，得之则戕人生亦甚矣。此义固非唯物观之法家所能梦见也。

法家之论治也，颇有似今日军阀官僚反对民治主义者之所云，今语军阀官僚以民治，彼辈辄曰"国民程度不足"，盖法家之言亦曰：

> 民智之不可用也，犹婴儿之心也，夫婴儿不剔首则腹痛……剔首……必一人抱之，慈母治之，犹啼呼不止。婴儿子不知犯其所小苦致其所大利也。（《韩非子·显学》篇）

此其言曷尝不含一面真理。虽然，民果皆婴儿乎？果常婴儿乎？使民果皆婴儿也，须知人类不甚相远，同时代同环境之人尤不能相远。民既婴儿，则为民立法之人亦婴儿，何以见彼婴儿之智必有以愈于此婴儿，彼立法而此不容议也。使民果常婴儿也，则政治之用，可谓全虚。彼宗立喻，谓婴儿"不知犯苦以致利"，故有赖其母，母之所以"利"此子者，岂不曰致之于成人乎哉。使永为婴儿，亦奚贵乎有母，彼宗抑曾思械婴儿之足勿使学步者，此儿虽成人亦将不能行。钳婴儿之口勿使出话者，此儿虽成人亦将不能语也。要而论之，彼宗以治者与被治者为画然不同类之两阶级，谓治者具有高等人格，被治者具有劣等人格（从性恶立论而并不贯彻）。殊不知良政治之实现，乃在全人类各个人格之交感共动互发而骈进。故治者同时即被治者，被治者同时即治者。而慈母婴儿，实非确喻也。此中消息，惟儒家能窥见，而法家则失之远矣。

法家之以权衡尺寸喻法，而以被量度之物喻被治之人也，彼忘却被量度之物不能自动，而被治之人能自动也。使吾侪方以尺量布，而其布忽能自伸自缩，则吾尺将无所施，夫人正犹是也。故儒家难之曰：

> 合符节、别契券者，所以为信也。……诞诈之人，乘是而后欺，探筹投钩者，所以为公也。……乘是而后偏，衡石称县（同悬）者，所以为平也。……乘是而后险……故械数者治之流也，非治之原

也。……官人守数，君子养原，原清则流清，原浊则流浊。……
（《荀子·君道》篇）

又曰：

> 法令者，治之具，而非制治清浊之源也。（《汉书·董仲舒传》）

此将彼宗之"机械主义"辞而辟之，可谓一语破的。法家等人于机械，故谓以"械数"的法驭之，则如物之无遁形，曾不思人固与物异其情也。束缚而驰骤之，则驱之于"免而无耻"而已。故荀子又曰：

> 法不能独立，类不能自行，得其人则存，失其人则亡。（《君道》篇）

又曰：

> 有良法而乱者有之矣。有君子而乱者，自古及今，未尝闻也。
> （《王制》篇）

此正以人治之矛，陷法治之盾也。而吾侪则以其说为至当而不可易也。如曰不然，试看有约法之中华民国，其政象何如？借曰约法不良。则试揣度制定最良之宪法后，其政象又何如？政治习惯不养成，政治道德不确立，虽有冠冕世界之良宪法，犹废纸也。此非所谓"法不能独立"，"有良法而乱"者耶。故吾侪若作极端究竟谈，仍归结于荀子所谓：

> 有治人，无治法。

勉为中庸之说，则亦不过如孟子所谓：

> 徒善不足以为政，徒法不能以自行。

而彼宗所谓"以法治国则举而措之而已"者，稍有常识，当知其不然矣。

不特此也，就令人人不作弊于法之中，人人能奉法为神圣以相检制,而其去治道也犹远。盖法治最高成绩,不外"齐一其民",不外"壹同天下之义"。其结果则如陶之治埴,千器万器,同肖一型,个人之个性,为国家吞灭净尽。如谓国家为死物也,则更何说。若承认国家为一生机体,而谓组成机体之分子可以剥夺其个性而无损于机体生存之活力,吾未之前闻。法家言最大之流毒,实在此一点,儒家惟有见于此,故其政治目的,在:

能尽人之性。(《中庸》)

在使:

人人有士君子之行。(《春秋繁露·俞序》篇)

在使:

经正则庶民兴,庶民兴,斯无邪慝矣。(《孟子》)

吾愿更取儒家最精深博大之语反覆乐道曰:"人能弘道,非道弘人。"若以应用于政治,则吾亦曰"人能制法,非法制人"而已矣。

要而论之,儒家以活的动的生机的唯心的人生观为立脚点,其政治论当然归宿于仁治主义——即人治主义。法家以道家之死的静的机械的唯物的人生观为立脚点,其政治论当然归宿于法治主义——即物治主义。两家孰优孰劣,以吾侪观之,盖不烦言而决也。

以上述四家学说竟,更有数问题宜合诸家比较以观其通者,改章论之。

第十七章　统一运动

　　我国先哲言政治，皆以"天下"为对象，此百家所同也。"天下"云者，即人类全体之谓，当时所谓全体者未必即为全体，固无待言。但其觳的常向于其所及知之人类全体以行，而不以一部分自画。此即世界主义之真精神也。先秦学者，生当诸国并立之时，其环境与世界主义似相反，然其学说皆共向此鹄无异同，而且积极的各发表其学理上之意见，成为一种"时代的运动"。其在儒家，孔子作《春秋》，第一句曰"元年春王正月"，《公羊传》云：

　　　　何言乎王正月，大一统也。

纪年以鲁国，因时俗之国家观念也。而正月上冠以一"王"字，即表示"超国家的"意味。《春秋》之微言大义，分"三世"以明进化轨迹：第一"据乱世"，"内其国而外诸夏"；第二"升平世"，"内诸夏而外夷狄"；第三"太平世"，"天下远近大小若一，夷狄进至于爵"（《公羊传·哀十四年》注）。盖谓国家观念，仅为据乱时所宜有，据乱云者，谓根据其时之乱世为出发点而施之以治也，治之目的在平天下。故渐进则由乱而"升"至于"平"，更进则为"太平"，太犹大也。太平之世，非惟无复国家之见存，抑亦无复种族之见存，故《论语》云：

　　　　子欲居九夷。或曰：陋，如之何？子曰：君子居之，何陋之有？

将自己所有文化,扩大之以被于全人类,而共立于平等的地位,此吾先民最高理想也。故《论语》又云:

> 四海之内,皆兄弟也。

《中庸》亦云:

> 是以声名洋溢乎中国,施及蛮貊。天之所覆,地之所载,日月所照,霜露所坠,凡有血气者莫不尊亲。

即此数语,其气象如何伟大,理想如何崇高,已可概见。至孟子时,列国对抗之形势更显著,而其排斥国家主义也亦更力。其言曰:

> 天下恶乎定,定于一。

齐宣王问齐桓、晋文之事,孟子曰:"仲尼之徒,无道桓文之事者。……无已,则王乎。"凡儒家王霸之辨,皆世界主义与国家主义之辨也。所不慊于齐桓、晋文者,为其专以己国为本位而已。

道家以自然为宗,其气象博大,亦不下于儒家。《老子》书中言"以天下观天下","以无事治天下","抱一为天下式",诸如此者不一而足,其为超国家主义甚明。

墨家言兼爱,言尚同,其为超国家主义也更明。抑彼宗之世界主义,尤有一极强之根据焉,曰"天志"。彼之言曰:

> 何以知天之爱天下之百姓?以其兼而明之。何以知其兼而明之?以其兼而有之。何以知其兼而有之?以其兼而食焉。(《墨子·天志上》)

> 且夫天之有天下也,辟(同譬)之无以异乎国君诸侯之有四境之内也。今国君诸侯之有四境之内也,夫岂欲其臣……民之相为不利哉。今若……处大家则乱小家,欲以此求赏誉,终不可得,诛罚必至矣。夫天之有天下也,将无已(同以)异此。今若处大国则

攻小国……欲以此求福禄于天,福禄终不得,而祸祟必至矣。(《墨子·天志中》)

天之视万国兆民,其爱之如一,利之如一。故凡人类之受覆育于天者,皆当体天之志以兼相爱而交相利。故曰:

> 视人之国若其国。

如此,则国家观念,直根本消灭耳。《尚同》篇言以"天子壹同天下之义",其世界主义的色彩,最明了矣。

法家本从儒道墨一转手,其世界观念,亦多袭三家。但彼最晚出,正当列强对抗竞争极剧之时,故其中一派以"富国强兵"为职志,其臭味确与近世欧美所谓国家主义者相类,无庸为讳也。虽然,彼辈之渴望统一,与余宗同,特所用手段异耳。勉以今语比附之,则儒墨可谓主张联邦的统一,平和的统一;法家可谓主张帝国的统一,武力的统一也。其后秦卒以后者之手段完成斯业,然而不能守也。汉承其绪,参用前者之精神,而所谓"定于一"者乃终实现焉。

当时人士,异国间互相仕宦,视为固然,不徒纵横家之朝秦暮楚而已。虽以孔墨大圣,亦周历诸侯,无所私于其国。若以今世欧洲之道德律之,则皆不爱国之尤者,然而吾先民不以为病,彼盖自觉其人为天下之人,非一国之人,其所任者乃天下之事,非一国之事也。

欧洲幅员,不当我半,而大小国数十。二千年来,统一运动虽间起,卒无成效。德法夹莱因河而国,世为仇雠,糜烂其民而战,若草芥然。巴尔干区区半岛,不当我一大郡,而建国四五,无岁无战。我国则秦汉以降,以统一为常轨,而分列为变态。虽曰干戈涂炭之苦亦所不免乎,然视彼固有间矣,谓彼由民族异性各不相下耶。我之民族,亦曷尝不复杂,而终能冶为一体,则又何也?我之统一,虽物质上环境促成之者亦与有力,然其最主要之原因,则圣哲学说能变化多数人心理,抟之以为一也,吾固言之矣。同类意识,宜扩大不宜缩小,使吾先民常以秦人爱秦、越人爱越为教,则秦越民族性之异,又宁让德法?吾惟务滋长吾同类意识,故由异趋同。彼惟务奖借其异类意识,故异者益异。呜呼!心理之几至微,而末流乃滔天而不可御。吾侪诚欲抱吾卞和之璞以献彼都,不审竟遭刖焉否耳。

第十八章　寝 兵 运 动

　　弭兵之议,倡于春秋末叶。宋向戌会当时诸强国于宋都,相与约盟,酷似今兹大战前之海牙平和会也。当时则有从学理上议其不可行者,曰:

> 天生五材,民并用之,废一不可,谁能去兵。(《左·襄二七》)

虽然,后此多数大学者,标举此义,为猛烈的运动,恳挚的宣传。《老子》言:

> 兵者不祥之器。

孔子作《春秋》:"会盟之事,大者主小,战伐之事,后者主先。"(《春秋繁露·竹林》篇)故孟子曰:

> 春秋无义战。

《孟子》书中,到处发明此义,其极沉痛峻厉之言曰:

> 争地以战,杀人盈野;争城以战,杀人盈城。此所谓率土地而
> 食人肉,罪不容于死。

至墨翟、宋钘一派,更高揭非攻寝兵之鲜明旗帜,以号呼于天下。其论旨则前数章既屡言之矣。墨家非从空谈而已,常务实行。见有斗者,匍匐往救之,且以善守为"非攻"主义之后盾,故其宣传乃实力的宣传也。各书中载墨子一故事曰:

　　公输般为楚造云梯之械，成，将以攻宋。墨子闻之，起于鲁，行十日十夜，足重茧而不休息，裂裳裹足，至于郢。见公输般，公输般曰："夫子何命焉为?"墨子曰："北方有侮臣，愿借子杀之。"公输般不悦。墨子曰："请献十金。"公输般曰："吾义固不杀人。"墨子起再拜曰："请说之，吾从北方闻子为梯，将以攻宋。宋何罪之有? 荆国有余于地，不足于民，杀所不足而争所有余，不可谓智。宋无罪而攻之，不可谓仁。知而不争，不可谓忠。争而不得，不可谓强。义不杀少而杀众，不可谓知类。"公输般服。墨子曰："然，胡不已乎?"公输般曰："不可，吾既已言之王矣。"墨子曰："胡不见我于王?"公输般曰："诺。"墨子见王，曰："闻大王举兵将攻宋，计必得宋乃攻之乎? 亡(同毋)其不得宋且不义犹攻之乎?"王曰："必不得宋且有不义，则曷为攻之?"墨子曰："甚善，臣以为宋必不可得。"王曰："公输般天下之巧工也，已为攻宋之械矣。"墨子曰："令公输般攻，臣请守之。"于是公输般、墨子解带为城，以牒为械。公输般九设攻城之机变，墨子九距之。公输般之攻械尽，墨子之守圉有余。公输般诎而曰："吾知所以距子矣，吾不言。"墨子亦曰："吾知子之所以距我矣，吾不言。"楚王问其故，墨子曰："公输子之意，不过欲杀臣。杀臣，宋莫能守，乃可攻也。然臣之弟子禽滑厘等三百人，已持臣守圉之器，在宋城上而待楚寇矣。虽杀臣不能绝也。"楚王曰："善哉，吾请无攻宋矣。"(《墨子·公输》篇、《战国策·宋策》、《吕氏春秋·爱类》篇、《淮南子·修务训》)

此段故事，将墨子深厚的同情，弥满的精力，坚强的意志，活泼的机变，丰富的技能，全盘表现。墨家者流以此种人格、此种精神忠实以宣传其主义，"上说下教，强聒不舍"。战国中末叶，其徒"盈天下"，其学说影响于吾国民心理者至深且广，有固然矣。

凡学说皆起于"救时之敝"（《淮南子·要略训》语）。时既敝矣，则一手不足以障狂澜，固其所也。故虽以儒墨之苦心毅力大声疾呼，而在当时所能挽救者乃至微末。其与彼等对抗之法家军国主义派竟占优势，卒以二百余年长期战争之结果以成统一之局。虽然，真理者，固常为最后之胜利者也。学说渐渍既久，形成国民心理，则又非一时之物质现象所能久抗。孟子云：

> 由今之道，无变今之俗，虽与之天下，不能一朝居也。

代表军国主义之秦国，虽复"履至尊而制六合，执鞭箠以驭天下"（贾谊文），然不十余年而遂亡。汉反其道，与民休息，成四百年之治。自兹以往，我国民遂养成爱平和的天性，斗狠黩武之英雄，无论在何时代，恒不为舆论所誉许。其以有勇见称者，则守土捍难以死勤事之人耳。故中国人可谓为能守的国民，而绝非能战的国民，墨家之教也。后此二千年间屡蒙异族侵暴者以此，虽蒙侵暴而常能为最后之光复者亦以此。若其因侵暴光复展转相乘，而同化力愈益发挥，民族内容愈益扩大，则文化根柢深厚使然也。

第十九章　教育问题

　　对于教育问题,各派态度不同,即同在一派中,其方法亦有差别。今略论列之。

　　道家从外表上观之,殆可谓之"非教育主义"。其言曰:

　　　　古之为道者,非以明民,将以愚之。(《老子》)

此其反对教育之态度,似甚明了。虽然,彼宗之主张愚民,又非谓欲借众愚以成吾独智也。彼盖以愚为"自然",欲率民返于此自然。庄子言伯乐治马,刻之、雒之、驰之、骤之、整之、齐之,是即施马以教育,将以"明马"也,彼宗谓似此则违反自然也甚矣。彼其理想的人生,所谓"常德不离,复归于婴儿",所谓"俗人昭昭,我独昏昏;俗人察察,我独闷闷……众人皆有以,而我独顽似鄙。"(俱《老子》)婴儿也,昏昏闷闷也,顽鄙也,皆愚而不明之状态也。是故不独"非以明民,将以愚之"也,亦可谓"非以明我,将以愚之"。然则竟谓彼宗为彻底的排斥教育可乎? 恐又未必然。排斥教育,则老子著五千言,庄子著三十三篇,又奚为者? 然则吾将为彼宗杜撰一徽号焉,曰:主张"愚的教育"。老子曰:

　　　　为学日益,为道日损。

"日益"者,智的教育也。"日损"者,即愚的教育也。夫教育目的,固不徒在增加智识而已。洗炼感情,树立意志,皆当有事焉。然则"日损"的教育,谓之非教育焉,固不可也。

法家悬法以驭民，其术似与教育异，实则不然。彼宗固亦欲以法达其教育之目的也。其言曰：

> 今有不才之子，父母怒之弗为改，乡人谯之弗为动，师长教之弗为变。夫以父母之爱，乡人之行，师长之智，三美加焉，而终不动其胫毛。……州部之吏，操官兵，推公法，而求索奸人。然后恐惧变其节，易其行矣。故父母之爱不足以教子，必待州部之严刑者，民固骄于爱，听于威矣。（《韩非子·五蠹》篇）

法家固承认教育之必要及其功用，但其教育所挟持之工具与余宗异；其所认为能实施教育之人，亦与余宗异，彼所主张者：

> 与书简之文，以法为教，无先生（今本作王，从顾广圻校改）之语，以吏为师。（同上）

彼宗欲将一切教育悉纳入于此种"官立法政专门学校"之中，且教课不讲学理，惟解释法律条文，教师不用学者，惟委诸现职官吏。而且实际的教育，并不在学校，官厅也，军队也，监狱也，即实行教育之主要场所也。以为诚能如是，则：

> 法制不议，则民不相私；刑杀毋赦，则民不偷于为善。爵禄毋假，则下不乱其上。三者，藏于官则为法，施于国则成俗。（《管子·法禁》篇）

法家最后目的，仍在"施于国以成俗"，是法治亦教育之一手段也。其与儒家异者，儒家之教育，教人做人；法家之教育，教人做彼宗理想中之国民。譬之如货主欲得某种货物，绘成图样，向工厂定造，厂主则铸定一型，将原料纳入之，务使产品齐一，"中效则是，不中效则非。"（《墨子·小取》篇文）换言之，则不管各人个性如何，务同冶之于国家所欲得之定型。求诸欧洲古代，则希腊之斯巴达，近代，则大战前之普鲁士，其教育精神,殆全与此同。即现代各国所谓国家教育政策,其视彼亦不过五十步与百步而已。

《管子》一书不能指为纯粹的法家言,中多糅合儒道法三家思想者。其论教育方法,殊别有理趣,其言曰:

> 士农工商四民者,国之石民也。不可使杂处,杂处则其言哤、其事乱。是故圣王之处士必于闲燕,处农必就田野,处工必就官府,处商必就市井。今夫士,群居而州处,闲燕则父与父言义,子与子言孝……旦暮从事于此以教其子弟,少而习焉,其心安焉,不见异物而迁焉。是故其父兄之教不肃而成,其子弟之学不劳而能,是故士之子常为士。今夫农,群萃而州处……旦暮从事于田野……沾礼涂足,暴其发肤,尽其四支之力,以从事于田野。少而习焉,其心安焉,不见异物而迁焉,是故其父兄之教不肃而成,其子弟之学不劳而能,是故农之子恒为农。今夫工,群萃而州处……是故工之子恒为工。今夫商,群萃而州处……是故商之子恒为商。(《小匡》篇)

此种制度甚奇,欲将人民从职业上画分区域以施教育,虽未必能严格实现,然不可谓非一种有研究价值之理想也。其目的在使人人代代同铸一型,不脱法家臭味,然其利用模仿性以施感化力,亦颇参儒家精神焉。

《管子》之言军国民的教育,尤含妙义。其言曰:

> 作内政而万军令焉……内教既成,令不得迁徙。故卒伍之人,人与人相保,家与家相爱,少相居,长相游,祭祀相福,死丧相恤,祸福相忧,居处相乐,行作相和,哭泣相哀。是故夜战其声相闻,足以无乱;昼战其目相见,足以相识,欢欣足以相死。是故以守则固,以战则胜,君有此教士三万人,以横行于天下。……(同上)

此真斯巴达之教也。最当注意者,彼全从群众心理着眼,目的在使人

"欢欣足以相死"。夫死为人所同恶,而"教士"乃能易以欢欣,则其认教育之效能也至矣。

墨家教育,以宗教为源泉,而用人格的注射以保其活力。所谓宗教者,非徒灵界的信仰之谓。墨家固有"天志"、"明鬼"诸义,然彼未尝言天堂言来生,其与耶回一类之宗教,性质实不从同。吾所以指墨家为宗教者,谓其赋予主义以宗教性。夫革命排满,本一主义耳,在前清末年,则含有宗教性。共产,本一主义耳,其在马克思派之党徒中,则含有宗教性。主义成为宗教性,则信仰之者能殉以身,义无反顾。故:

> 墨子服役者(案:即弟子也。《韩非子·五蠹》篇云仲尼服役者七十人,即指七十子,与此文同)百八十人,皆可使赴火蹈刃,死不旋踵。(《淮南子》)

盖宗教本最高情感之产物,而墨家教育,殆纯以情育为中心也。而其所以能"徒属充满天下"(《吕氏春秋·尊师》篇称赞墨子语)者,则又其极伟大极崇高之人格感化力有以致之。此学者所最宜留意也。

上所语者,墨家在当时教育活动之事实也,其价值实至伟大。至彼宗之教育理论及方法,则不外用政治手段"壹同天下之义",使人人皆"弃其不善言,学天子之善言,弃其不善行,学天子之善行",殆无甚可述焉。

儒家认教育万能,其政治以教育为基础——谓不经教育之民无政治之可言;又以教育为究竟——谓政治所以可贵者全在其能为教育之工具。《荀子》云:

> 君子治治,非治乱也。……然则国乱将弗治与?曰:国乱而治之者,非案乱而治之之谓也。去乱而被之以治,人污而修之者,非案污而修之之谓也。去污而易之以修,故去乱而非治乱也,去污而非修污也。(《不苟》篇)

《大学》引《康诰》曰，"作新民"。《易·文言传》曰，"不易乎世，不成乎名"。《论语》记孔子言曰，"天下有道，丘不与易"。孟子曰"亦以新子之国"。新民新国易世易天下，以今语释之，则亦曰革新社会而已。法家之"道之以政，齐之以刑"，儒家则谓为苟且之治，无他，以其欲案乱而治也。夫案乱而治，治之或且益其乱。不见今日之民国乎？案乱而集国会，国会集滋益乱。案乱而议联省，联省建恐滋益乱。案乱而言社会主义，社会主义行恐滋益乱。何也？法万变而人犹是人，民不新，世不易，安往而可也。《论语》记：

> 子之武城，闻弦歌之声，夫子莞尔而笑曰：割鸡焉用牛刀。子游对曰：昔者偃也闻诸夫子曰，君子学道则爱人，小人学道则易使也。子曰：二三子，偃之言是也，前言戏之耳。

儒家之视一都一邑一国乃至天下，其犹一学校也，其民则犹子弟也。理想政治之象征，则"弦歌之声"也，所谓"绝恶于未萌，起敬于微眇"，所谓"移风易俗，美善相乐"，即儒家政治唯一之出发点，亦其唯一之归宿点也。此无他焉，亦曰去乱而被之以治云尔。

儒家教育，专以人格的活动为源泉，彼惟深知夫人格由"相人偶"而始能成立，始能表现，故于人格交感相发之效，信之最强。其言曰：

> 唯天下至诚，为能尽其性，能尽其性，则能尽人之性。……（《中庸》）

又曰：

> 至诚而不动者，未之有也，不诚，未有能动者也。（《孟子》）

至诚者何？尽性者何？即"真的人格之全部的活动表现"而已。我之人格，为宇宙全人格之一部，与一切人之人格相依相荡。我苟能扩大我所自觉之人格使如其量（能尽其性），而以全人格作自强不息的活动，则凡与我同类之人未有不与我同其动者也。儒家所信之教育万能,专在此点。明乎此,则读一切儒书皆可无阂,而彼宗政治与教育同条共贯之理,可以莹澈矣。

　　人格的教育,必须以施教者先有伟大崇高之人格为前提,此其事不可以望诸守绳墨、奉故事之官吏也明矣。故不特法家"以吏为师,以法为教"之主张在所排斥也,即凡一切官学之以诗书礼乐为教者,皆未足以语此。故孔子首创私人讲学之风,以求人格教育之实现。孔子以前之教育事业,在家塾、党庠、乡序、国学,大率为家族地方长老所兼领或国家官吏所主持。私人而以教育为专业者,未之前闻,有之自孔子始。孔子以一布衣养徒三千,本其"有教无类"之精神,自搢绅子弟以至驵侩大盗,皆"归斯受之"。以智仁勇为教本,以《诗》、《书》执礼执射执御等为教条,"大小精粗,其运无乎不在。"(《庄子·天下》篇文)其所确然自信者,则:

> 一日克己复礼,天下归仁焉。(《论语》)
>
> 君子居其室,出其言善,则千里之外应之。(《易·系辞传》)
>
> 本诸身,征诸庶民……动而世为天下道,行而世为天下法,言而世为天下则。(《中庸》)

夫以一个私人,出其真的全人格以大活动而易天下,"自生民以来,未有盛于孔子也"(《孟子》文)。夫儒家固以政治教育合一为职志者也。故孔子终身为教育活动,即终身为政,治活动也。故曰,"是亦为政,奚其为为政"也。

第二十章　生 计 问 题

道家盖不认生计问题为政治问题，彼宗以"见素抱朴，少私寡欲"为教。谓：

> 五色令人目盲，五音令人耳聋，五味令人口爽，驰骋畋猎令人心发狂，难得之货令人行妨。

其旨在教人尽黜物质上之欲望。果能尔者，则生计当然不成问题。虽然，彼固欲人之"甘其食，美其服"，而又欲其"复结绳而治，老死不相往来"，一章之中，而两种事实已冲突，实不彻底之谈也。但彼宗既置此问题于不论不议之列，则吾侪研究此问题时，亦可置彼宗于不论不议之列。

先秦诸哲言生计者，法家特注重生产问题，儒家特注重分配问题，墨家则两方面皆顾及，而两方面皆不甚贯彻，此其大较也。

法治主义之最初实行者，自李悝。而在我国生计学史上，始用科学的精密计算法以谈生计政策者，即李悝也。《汉书·食货志》记其学说之大概曰：

> 李悝为魏文侯作尽地力之教，以为地方百里，提封九万顷，除山泽邑居参分去一，当田六百万亩。治田勤谨，则亩益三升，不勤则损亦如之。地方百里之增减，辄为粟百八十万石矣。

又曰：

籴甚贵伤民，甚贱伤农。民伤则离散，农伤则国贫。故甚贵与甚贱，其伤一也。善为国者，使民无伤而农益劝。今一夫挟五口，治田百亩，岁收亩一石半，为粟百五十石。除十一之税十五石，余百三十五石。食，人月一石半，五人终岁，为粟九十石，余有四十五石。石三十，为钱千三百五十，除社闾、尝新、春秋之祠用钱三百，余千五十。衣，人率用钱三百，五人终岁，用千五百，不足四百五十（颜注曰：少四百五十不足也）。不幸疾病死丧之费及上赋敛，又未与此。此农夫所以常困，有不劝耕之心，而令籴至于甚贵者也。是故善平籴者必谨观岁有上中下孰（同熟），上孰，其收自四，余四百石（张晏曰：平岁百亩收百五十石，今大孰，四倍，收六百石）；中孰自三，余三百石；下孰自倍，余百石。小饥则收百石，中饥七十石，大饥三十石。故大孰则上籴三而舍一，中孰则籴二，下孰则籴一。使民适足，贾（同价）平则止。小饥则发小孰之所敛，中饥则发中孰之所敛，大饥则发大孰之所敛，而籴之。故虽遇饥馑水旱，籴不贵而民不散，取有余以补不足也，行之魏国，国以富强。

此为我国最古之生计学说，吾故录其全文如上。此学说之要点有二：一曰"尽地力"，所以奖厉私人生产也；二曰"平籴"，所以行社会政策，用政府之力，以剂私人之平也。当时主要生计惟农业，故所规划亦限于此。战国中叶以后，工商业骤昌，兼并盛行而农益病，于是言生计者分重农主义重商主义之两派。《商君书》盖重农派之作品也，《管子》中一部分，则重商派作品也。《商君书》曰：

> 《管子》、《商君书》皆战国末年人所作，非管仲商鞅自著，说已见前。《管子》尤庞杂，各派学说皆杂收，即以生计学论，亦重农重商参半也。

重关市之赋，则农恶商，商有疑惰之心。农恶商，商疑惰，则草必垦矣。以商之口数，使商令之，斯舆徒重者必当名（此三句有讹

字）。则农逸而商劳，农逸则良田不荒，商劳则去商。……则草必恳矣。……（《垦令》篇）

书中此类文甚多，兹不枚举。盖《商君书》为秦人所作，秦开化较晚，宜以农立国而不以工商，故重农主义行焉。当时各国，又皆以民寡为病，故人口问题，又为言生计者所最重视。《商君书》中有专篇以论此政策，其言曰：

> 当时人口问题与玛尔梭士人口论所研究者正相反，玛氏患人多，当时患人少也。

今秦之地方千里者五，而谷土不能处二。田数不满百万，其薮泽溪谷名山大川之材物货宝，又不尽为用，此人不称土也。秦之所与邻者三晋也，所欲用兵者韩魏也，彼土狭而民众，其宅参居而并处，其寡萌贾息，民上无通名，下无田宅，而恃奸务末作。……此其土之不足以生其民也。以（同已）有过秦民之不足以实其土也。……今王发明惠，诸侯之士来归者……复之三世，无知军事……今以草茅之地，来三晋之民，而使之事本，此其损敌也与战胜同实。而秦得之以为粟，此反行两登之计也。（《来民》篇）

秦人盖实行此政策，卒以富强而并天下焉。同时有相反的学说盛于齐。齐，开化较早，自春秋以来，已"冠带衣履天下"（《史记·货殖传》文），工商业为诸国冠，故齐人所撰《管子》，含有重商主义的倾向。其言曰：

黄金者用之量也。辨于黄金之理，则知侈俭，知侈俭则百用足矣。故俭则伤事，侈则伤货，俭则金贱，金贱则事不成，故伤事。侈则金贵，金贵则货贱，故伤货。（《立政》篇）

又曰：

五谷食米，民之司命也；黄金刀币，民之通施也。故善者执其通施以御其司命，故民力可得而尽也。（《国蓄》篇）

彼宗以为货币有衡驭百物之性能,而粮食之在百物中,其性质又最为特别(今世治生计学者仍认粮食为特种货物,不能仅以一般货物之原则支配之),能善笺两者之键而操纵之,则可以富国。彼宗以为豪强兼并之弊,皆由私人操纵此两者而起。其言曰:

> 岁有凶穰,故谷有贵贱。令有缓急,故物有轻重。然而人君不能治(案:言政府无办法也),故使蓄贾(案:言蓄财之富商也)游市(案:言游手之市侩也)。乘民之不给,百倍其本。分地若一,强者能守,分财若一,智者能收。智者有什倍人之功(房注云:以一取什),愚者有不赓本之事(房注云:赓,犹偿也),故民有相百倍之生也(案:谓贫富相去以百倍计也)。夫民富则不可以禄使也,贫则不可以罚威也。法令之不行,万民之不治,由贫富之不齐也。(同上)

彼宗以为若一任私人之自由竞争,则富商奸侩,以智术操纵,必至兼并盛行而贫富日以悬绝。政府苟"不能钧(同均)羡(余也)不足以调民事,则虽强本趣耕,且铸币无已,乃今使民下相役耳(房注云:徒使豪强侵夺贫弱),恶能以为治乎?"(《国蓄》篇文)然则救济之法奈何?彼宗曰:

> 凡轻重之大利,以重射轻,以贱泄平。万物之满虚,随财准平而不变,衡绝则重见,人君知其然,故守之以准平……耒耜器械钟镶粮食毕取赡于君。故大贾蓄家,不得豪夺吾民矣。……
>
> 凡五谷,万物之主也。谷贵则万物必贱,谷贱则万物必贵,两者为敌则不俱平。故人君御谷物之迭相胜,而操事于其不平之间。……(《国蓄》篇)

其所主张之政策,以今语说之,则"资本国有"、"商业官营"是已。不特此也,彼宗更主张,盐铁两种工业悉归国有,即以为国家收入之财源。其言曰:

　　桓公问于管子曰：吾欲借（案：借者，征税也）于台雉（案：谓建筑物），何如？管子对曰：此毁成也。吾欲借于树木。管子对曰：此伐生也。吾欲借于六畜。管子对曰：此杀生也。吾欲借于人何如？管子对曰：此隐情也。桓公曰：然则吾何以为国？管子对曰：唯官山海为可耳。……海王之国，谨正盐筴……十口之家十人食盐……终月，大男食盐五升少半，大女食盐三升少半，吾子（房注云：吾子谓小男小女）食盐二升少半。……万乘之国，人数开口千万也。禺筴之商日二百万（房注云：禺，读为偶，偶，对也，商，计也。对其大男大女食盐者之口数而立筴以计所税之盐，一日计二百万合。）……月人三十钱之籍，为钱三千万。……使君施令曰：吾将籍于诸君吾子，则必嚣号。今夫给之盐筴，则百倍归于上，人无以避此者，数也。

　　今铁官之数曰：一女必有一针一刀，若（房注云：若犹然后）其事立，耕者必有一耒一耜一铫，若其事立。不尔而成事者天下无有。今针之重加一也，三十针，一人之籍；刀之重加六，五六三十，五刀，一人之籍也……其余轻重，皆准此而行，然则举臂胜事，无不服籍者。……（《海王》篇）

此言将盐铁两业，收归官营，即加其价以为税。如此既合于租税普遍之原则，亦使私人无由独占而罔利也。此种工商业及资本悉归国有之主张，在今日欧洲，有已实行者，有方在运动鼓吹中者。我国则二千年前，既有一部分学者昌言之矣。

　　彼宗不徒以此均国内之贫富而已，更利用其国家资本主义以从事侵略，《管子》书中造设一史迹以说明其理曰：

　　桓公曰：吾欲下鲁梁，何行而可？管子对曰：鲁梁之民俗为绨，公服绨，令左右服之，民从而服。公因令齐勿敢为，必任于鲁梁，则是鲁梁释其农事而作绨矣。桓公曰：诺。……管子告鲁梁之贾人曰：子为我致绨千匹，赐子金三百斤。什至而金三十斤，则是鲁梁不赋于民，财用足也。鲁梁之君闻之，则教其民为绨，十三月而管子令人之鲁梁。鲁梁郭中之民，道路扬尘，十步不相见，继绤而踵相随。……管子曰：鲁梁可下矣。公曰：奈何？对曰：公宜服帛，率民去绨，闭关毋与鲁梁通使。公曰：诺。后十月，管子令人之鲁梁，鲁梁之民，饿馁相及。……鲁梁之君，即令其民去绨修农，谷不可以三月而得，鲁梁之民籴十百，齐籴十钱。二十四月，鲁梁之民归齐者十分之六。三年，鲁梁之君请服。（《轻重戊》篇）

此虽未必果为事实，然以说明一种学理，则甚明了矣。夫英国人所以汲汲于殖民帝国之建设，而大战时惴惴以对封锁为惧者，皆以此也。而现代列强所惯用之生计侵略政策，亦大率由斯道也。

要而论之，法家者流之生计政策，无论为重农为重商，要皆立于国家主义基础之上，所谓"我能为君辟土地，充府库"。孟子所斥为"民贼"者也。虽然，确能为斯学发明许多原则，二百年前之欧洲，殆未足望其肩背也。墨家对生计问题，最注重者亦在生产，然其说生产也，与消费观念相连，谓消费不枉滥，即所以为生产也。故其最重要之教义曰"节用"，其节葬、非乐、非攻诸义，皆从此引出，其言曰：

圣人为政一国，一国可倍也。大之为政天下，天下可倍也。其倍之，非外取地也，因其国家，去其无用之费，足以倍之。圣王为政，其发令兴事使民用财也，无不加用而为者。是故用财不费，民德不劳……有去大人之好，聚珠玉鸟兽犬马，以益衣裳、宫室、甲盾、舟车之数于数倍乎？若则不难。（《节用上》）

又曰：

古者圣王制为节用之法曰：凡天下群百工……陶冶梓匠，使

> 各从事其所能。曰：凡足以奉给民用则止，诸加费不加于民利者，
> 圣王弗为。(《节用上》)

扫除贵族富族之奢侈品，而以制造彼等之劳力移诸日用必需品之制造，则生产力自可加数倍。此墨家生计学说最主要之点也，其大意前既论及，今不更赘。墨家亦注意人口问题，而有一奇异之结论焉，曰主张早婚，其言曰：

> 孰为难倍？唯人难倍，然人有可倍也。昔者先王为法曰："丈
> 夫年二十，毋敢不处家，女子年十五，毋敢不事人。"……圣王既没，
> 于民次也(孙诒让云：次，读为恣，言恣民之所欲)。其欲蚤处家者，有所
> 二十年处家；其欲晚处家者，有所四十年处家，以其蚤与其晚相践
> (案：相践谓相抵平均也)。后圣王之法十年，若纯三年而字，子生可
> 以二三人(今本作年，从戴震校改)矣。(《节用上》)

其说当否，另一问题，要之与墨家实利主义相一贯也。

墨家之专以节用言生计，荀子非之。其言曰："墨子之言，昭昭然为天下忧不足，夫不足非天下之公患也，特墨子之私忧过计也。…… 天下之公患，乱伤之也。胡不尝试相与求乱之者谁也？我以墨子之非乐也，则使天下乱；墨子之节用也，则使天下贫。非将堕之也，说不免焉。……故墨术诚行，则天下尚俭而弥贫。非斗而日争，劳苦顿萃而愈无功，愀然忧戚非乐而日不和。……"(《富国》篇)荀子本篇之文甚长，其所诘难不甚中肯綮，故不多引。至所谓"劳苦顿萃而愈无功……"云云，则诚中墨术之病，墨家盖不解"劳作能率"之意义也。

荀子所谓"不足非天下之公患"，确为儒家一重要信条，孔子曰：

> 丘也闻有国有家者，不患寡而患不均，不患贫而患不安。故均
> 无贫，和无寡，安无倾。(《论语》)

董仲舒释之曰：

> 孔子曰，"不患寡而患不均"，故有所积重，则有所空虚矣。大富则骄，大贫则忧，忧则为盗，骄则为暴。此众人之情也，圣者则于众人之情，见乱之所从生，故其制人道而差上下也。使富者足以示贵而不至于骄，贫者足以养生而不至于忧。以此为度而调均之，是以财不匮而上下相安。（《春秋繁露·调均》篇）

儒家言生计，专重一"均"字，其目的则在裁抑其所积重而酌剂其所空虚，故精神最注分配问题。然于生产消费诸问题，亦并不抛却。其言曰：

> 生之者众，食之者寡，为之者疾，用之者舒，则财恒足矣。（《大学》）

语虽极简，然于生计原理，可谓包举无遗。儒家言生计学，专以人民生计或社会生计为主眼。至于国家财政，则以为只要社会生计问题得正当解决，财政便不成问题。故冉有言志曰：

> 可使足民。（《论语》）

有若对鲁哀公问曰：

> 百姓足，君孰与不足？百姓不足，君孰与足？（《论语》）

至如法家者流之富国政策，儒家盖以毫不容赦的态度反对之，故曰：

> 与其有聚敛之臣，宁有盗臣。此谓国不以利为利，以义为利也。长国家而务财用者，必自小人矣。彼为善之，小人之使为国家，菑害并至，虽有善者，亦无如之何矣。此谓国不以利为利，以义为利也。（《大学》）

又曰：

> 君不乡道，不志于仁，而求富之，是富桀矣。（《孟子》）

古代君主与国家界限不分明，富国即无异富君。所谓"地之生财有时，民之用力有倦，而人君之欲无穷。以有时与有倦养无穷之君，而度量不生于其间，则上下相疾也"（《管子·权修》篇文）。儒家所以反对富国者，盖在此点。不宁惟是，即如现代所谓国家主义者，其财政虽非以供君主之内府，然亦当"取诸民有制"（《孟子》文），盖有所积重，必有所空虚。积重于君主，积重于人民中之一部分私人，固不可。积重于国家，犹之不可也。何也？积重于国家，则空虚必中于个人，以国家吞灭个人，结局亦非国家之利也。此儒家所以反对"长国家而务财用"也。

儒家言生计，不采干涉主义，以为国家之职责，惟在"勤恤民隐而除其害"。凡足以障碍人民生产力者，或足以破坏分配之平均者，则由国家排除之防止之，余无事焉。如是，听人民之自为谋，彼等自能"乐其乐而利其利"也。故曰：

> 不违农时，谷不可胜食也。数罟不入洿池，鱼鳖不可胜食也。斧斤以时入山林，材木不可胜用也。（《孟子》）

又曰：

> 兼足天下之道在明分……兼而覆之，兼而爱之，兼而制之，岁虽凶败水旱，使百姓无冻馁之患，则是圣君贤相之事也。（《荀子·富国》篇）

儒家对生计问题之主要精神略如此。至于其发为条理者，如孟子言井田，荀子言度量分界，已散见前章，不复具论焉。

第二十一章　乡治问题

欧洲国家,积市而成。中国国家,积乡而成。此彼我政治出发点之所由歧,亦彼我不能相学之一大原因也。是故我国百家之政论,未有不致谨于乡治者。其在道家,彼所理想之社会,所谓:

> 小国寡民……鸡犬之声相闻,其民老死不相往来。(《老子》)

此则无数世外桃源之村落而已。其在墨家,所谓:

> 里长,里之仁人。……乡长,乡之仁人。……(《墨子·尚同》篇)

盖一切政治教化,皆以乡与里为基本也。其在法家,则言乡治益纤悉周备矣。《管子》曰:

> 野与市争民……乡与朝争治。(《权修》篇)
>
> 朝不合众,乡分治也。(同上)

若欧洲之今日,盖市尽夺野之民。即中国之今日,亦朝尽攘乡之治者也。吾侪读《管子》此数句极简之文字,窃叹其在千岁之上,乃道出今日全人类之时敝若睹火也。其乡治之规模奈何? 彼书曰:

> 分国以为五乡,乡为之师;分乡以为五州,州为之长;分州以为十里,里为之尉;分里以为十游,游为之宗。十家为什,五家为伍,什伍皆有长焉。筑障塞匿,一道路,博出入,审间闾,慎管键,管藏于里尉。置间有司以时闭,有司观出入者以复于里尉。凡出入不

时,衣服不中,圈属群徒不顺于常者,间有司见之,复无时,若在长家子弟臣妾属役宾客,则里尉以谯于游宗,游宗以谯于什伍,什伍以谯于长家,谯敬,而勿复。一再则宥,三则不赦。凡孝弟忠信贤良俊材,若在长家子弟臣妾属役宾客,则什伍以复于游宗,游宗以复于里尉,里尉以复于州长,州长以计于乡师,乡师以著于士师……三月一复,六月一计,十二月一著。凡上贤不过等,使能不兼官,罚有罪不独及,赏有功不专与焉。……(《管子·立政》篇)

又曰:

> 政既成,乡不越长,朝不越爵,罢士无伍,罢女无家;士三出妻,逐于境外;女三嫁,入于春谷。是故民皆勉于为善士,与其为善于乡,不如为善于里;与其为善于里,不如为善于家。是故士莫敢言一朝之便……皆有终身之功。……是故匹夫有善,可得而举,有不善可得而诛。政成国安,以守则固,以战则强。(《管子·小匡》篇)

此种制度,是否曾全部实行,虽不敢断言,即以理想论,其高尚周密,则既可师矣。其在儒家,孔子云:

> 吾观于乡而知王道之易易也。(《乡饮酒义》)

《论语·乡党》篇记:"孔子于乡党,恂恂如也,似不能言者。""乡人饮酒,杖者出,斯出矣。""乡人傩,朝服而立于阼阶。"可谓孔子极喜为乡村的生活。儒家好礼,而其所常习之礼,则乡饮酒与乡射也。故司马迁谒孔林时,犹见孔门后学"习乡饮乡射于孔子冢。"(《史记·孔子世家》文)乡饮以教让,乡射以教争,盖其人格教育之第一步在此焉。故曰:"观于乡而知王道之易易也。"孟子井田之制,其目的亦以善乡治,故曰:

> 死徙无出乡,乡田同井,出入相友,守望相助,疾病相扶持,则百姓亲睦。

汉儒衍其意以构成理想的乡治社会,曰:

> 夫饥寒并至,虽尧舜躬化,不能使野无寇盗;贫富兼并,虽皋陶制法,不能使强不陵弱。是故圣人制井田之法而口分之。一夫一妇,受田百亩……五口为一家,公田十亩……庐舍二亩半,八家……共为一井,故曰井田。……

> 井田之义,一曰无泄地气,二曰无费一家,三曰同风俗,四曰合巧拙,五曰通财货,因井田以为市,故曰市井。……别田之高下善恶,分为三品……肥饶不得独乐,硗埆不得独苦,故三年一换土易居……是谓均民力。

> 在田曰庐,在邑曰里,一里八十户,八家共一巷,中里为校室,选其耆老有高德者名曰父老。其有辩护伉健者为里正,皆受倍田、得乘马,父老比三老孝弟官属,里正比庶人在官者。

> 民春夏出田,秋冬入保城郭。田作之时,父老及里正,旦开门坐塾上,晏出后时者不得出,暮不持樵者不得入。五谷毕入,民皆居宅,里正趋缉绩,男女同巷,相从夜绩,至于夜中。故女功一月得四十五日,作从十月尽正月止。男女有所怨恨,相从而歌,饥者歌其食,劳者歌其事。

> 男年六十女年五十无子者,官衣食之。

> 使之民间求诗,乡移于邑,邑移于国,国以闻于天子。故王者不出牖户,尽知天下所苦,不下堂而知四方。

> 十月事讫,父老教于校室,八岁者学小学,十五者学大学,其有秀者移于乡学。……

> 三年耕,余一年之畜;九年耕,余三年之积;三十年耕,有十年之储。虽遇唐尧之水,殷汤之旱,民无近忧。四海之内,莫不乐其业。故曰什一行而颂声作矣。(《公羊传·宣十五年》何注)

此种社会制度,曾否实现,能否全部实行,自属别问题。要之在物质生活上采合作互助的原则,在精神生活上以深厚真挚之同情心为之贯注,儒家所梦想之"美善相乐"的社会,此其缩影矣。呜呼! 今世社会主义者流有从事于新村生活之创造者,亦何莫非理想? 夫天下固先有理想而后有事实也。儒家之乡治精神,其或实现于今日以后也。

第二十二章　民权问题

　　民权之说,中国古无有也。法家尊权而不尊民,儒家重民而不重权,道墨两家,此问题置诸度外,故皆无称焉。今所欲论者,各家对于"民众意识"其物,作何观察,作何批评,作何因应而已。

　　道家言"非以明民,将以愚之",言"民之难治,以其智多"(《老子》),其绝对的不承认人民参与政治甚明。彼宗实际上殆认政府为不必要,则不参政者又非独人民也已。然彼宗以自由为教,由理论推之,人民欲自由参政者,固当非所禁。

　　墨家主张"上同而不敢下比",一国之人上同于国君,天下之人上同于天子。彼宗绝不认个人之自由权,其所创造者为教会政治,则人民参政,当然亦不成问题。但彼宗以平等为教,主张"智者为政乎愚者",然则人民中之"智者",当然认为应"为政"者也。

　　法家中之正统派(韩非一派)当然不认民权。彼辈言"民可与乐成,难与虑始"(《商君书·定法》篇),言"民智不可用,犹婴儿之心"(《韩非子·显学》篇),则民除守法之外不容有所参与也明矣。虽然,彼宗著述中有杂用他宗之言者,则论旨又有别,尹文子云:

> 己是而举世非之,则不知己之是;己非而举世是之,亦不知己之所非。然则是非随众贾(同价)而为正,非己所独了。则犯众者为非,顺众者为是。

此论最能说明所谓"民众意识"与所谓"舆论"者之真性质。民众意识及舆论,不必其合于理性也。虽然,在某期间内某种群众中,其意识之相摩以成舆论也,则势力至伟而不可御。夫政治之美与善,本无绝对的标准。然则孰是就非,亦只有听诸"当时此地"群众之评价耳,故曰"是非随众价以为正,非己所独了"也。是故富于才术之政治家,恒必乘"众价"以展其怀抱。而富于责任心之政治家,时亦不惜抗"众价"以自招失败。尹文此言,则为乘众价者言之也。彼又曰:

> 为善使人不能得从,此独善也;为巧使人不能得从,此独巧也;未尽善巧之理。为善与众行之,为巧与众能之,此善之善者巧之巧者也。所贵圣人之治,不贵其独治,贵其能与众共治。贵工倕之巧,不贵其独巧,贵其能与众共巧也。……独行之贤,不足以成化;独能之事,不足以周务;出群之辩,不可以为户说;绝众之勇,不可与征阵。……是以圣人……立法以理其差,使贤愚不相弃,能鄙不相遗。能鄙不相遗,则能鄙齐功;贤愚不相弃,则贤愚等虑。……

君文此论,深有理致,彼盖欲将法治主义建设于民众的基础之上也。近世学者,或言群众政治能使政治品质降低,此语确含有一面真理。盖群众之理性,本视个人为低下(法人卢梭所著群众心理最能发明此义)。故"媚于庶人"(《诗经》文)之治,非治之至焉者也。虽然,政治又安能离群众而行,"独能之事,不足以周务;绝众之勇,不足以征阵"。此事实所不能不承认者也。然则"与众共治"之原则,固无往而得避也。既已与众共治,则只能以"能鄙齐功贤愚等虑"自甘。现代欧美之民众政治,盖全在此种理论上维持其价值,尹文所倡,亦犹是也。

《管子》书中有对于群众为极高之评价者,其言曰:

> 夫民,别而听之则愚,合而听之则圣,虽有汤武之德,复合于市人之言。是以明君顺人心、安情性,而发于众心之所聚,是以令出而不稽,刑设而不用,先王善与民为一体。与民为一体,则是以国

守国以民守民也。然则民不便为非矣。(《君臣上》篇)

又曰：

> 齐桓公问管子曰：吾念(犹欲也)有而勿失……为之有道乎？对曰：……毋以私好恶害公正，察民所恶以自为戒。黄帝立明台之议者，上观于贤也；尧有衢室之问者，下听于人也。……桓公曰：吾欲效而为之，其名云何？对曰：名曰"啧室之议"(房注云：谓议论者言语欢啧)。(《桓公问》篇)

《管子》本儒墨道法群言杂糅，以上两段，吾侪不能认为法家言，毋宁谓其祖述儒家也。其所言"民，别而听之则愚，合而听之则圣"，认民众意识之品质视个人为高，其当否且勿论，要之，极认识民意价值之言也。所云"啧室之议"，则竟主张设立法定的民意机关矣。虽其性质非必与现代议会同，且在历史上亦未尝实现，然固不可不谓为一种颖异之理想也。

今最后所欲论者，儒家对于兹事态度如何？儒家以政治设施当以民意为标准，其主张甚为坚决明了。如：

> 民之所好，好之；民之所恶，恶之，此之谓民之父母。(《大学》)

类此之语，儒书中不可枚举。惟人民是否应自进以参与政治，其参与政治方法如何，孔子尽未尝明言。《论语》有：

> 民可使由之，不可使知之。

二语，或以为与老子"愚民"说同，为孔子反对人民参政之证。以吾观之，盖未必然。"不可"二字，似当作"不能彀"解，不当作"不应该"解。孟子曰：

> 行之而不著焉，习矣而不察焉，终身由之，而不知其道者众矣。

此章正为彼文注脚,"可以有法子令他们依着这样做,却没有法子令他们知道为什么这样做"。此即"民可使由,不可使知"之义也。例如"慎终追远,民德归厚","故旧不遗,则民不偷"。使民厚,使民不偷,此所谓"可使由之"也。何以慎终追远便能厚,何以故旧不遗便不偷,此其理苦难说明,故曰"不可使知"也。儒家无论政治谈、教育谈,其第一义皆在养成良习惯。夫习惯之养成,全在"不著不察"中,所谓"徙善远罪而不自知",故"终身由而不知",乃固然也。然则欲以彼二语构成儒家反对民权之谳者,非直冤酷,亦自形其浅薄也。

然则儒家主张民权之证据有之乎?曰:亦无有也。民权云者,人民自动以执行政权之谓。儒家虽言"保民而王",言"得乎邱民而为天子",要之以民为受治之客体,非能治之主体也。彼宗固极言民意之当尊重,然并不谓对于民意悉当盲从。孔子曰:

> 众好之,必察焉;众恶之,必察焉。

孟子曰:

> 中人皆曰贤,然后察之。……国人皆曰不可,然后察之。……

儒家之意以为,政治家之眼光,当常注视舆论,又当常自出其理性以判断而慎采之。"善钧从众",盖彼宗之最大信条也。夫采纳民意,尚须以"必察"为条件,则纯粹民意之直接统治,不为彼宗所敢妄赞,有断然矣。

然则儒家果画然将国人分为能治与受治之两阶级乎?曰:是殆然,是又殆不然。儒家有所谓能治的阶级乎?曰有之,其名曰"君子"。一切政治由"君子"出,此儒家唯一的标帜,遍征诸儒书而可信者也。顾所最当注意者,"君子"非表示地位之名词,乃表示品格之名词。换言之,则"君子"者,人格完成之表称也。与"君子"相对者为"小人",谓人格未成,如幼小之人也。虽民权极昌之国家,亦必以成人为参政之标准，未有赋予未及龄之"小人"以参政权者。儒家亦然，专以成人为参政之标准，不过所谓成人者，非生理上之成人，乃人格上之成人耳。儒家以为人格未完成之"小人"而授之以政，譬犹未能操刀之"小人"而使割也，其伤实多。呜呼！今之中华民国冒民权之名以乱天下者，岂不以是耶？岂不以是耶？儒家之必以人格的成人为限制，其乌可以已。

然则此限制为固定的乎？曰：是盖不待问而有以知其不然。地位可以有固定，品格不能有固定，儒教最终之目的，在"教化流行，德泽大洽，使天下之人人有士君子之行"（《春秋繁露·俞序》篇）。夫天下人人皆成为"君子"，则儒家"全民政治"实现之时矣。

然则如何而能使人人有士君子之行耶？吾固屡言之矣，人格者，通彼我而始得名者也。故必人格共动互发，乃能驯致人格之完成。"己欲立，而立人，己欲达，而达人"，"一日克己复礼，天下归仁焉"，是亦在"仁以为己任"之君子而已矣。

第二十三章 结 论

　　读以上诸章，可知先秦诸哲之学术，其精深博大为何如。夫此所语者，政治思想之一部分耳。他多未及，而其足以牖发吾侪者已如此。"今之少年，喜谤前辈"，或摭拾欧美学说之一鳞一爪以为抨击之资，动则"诬其祖"曰"昔之人无闻知"。嘻！"何其伤于日月乎，多见其不知量也。"

　　姑舍是，吾侪今日所当有事者，在"如何而能应用吾先哲最优美之人生观，使实现于今日"，此其事非可以空言也。必须求其条理以见诸行事，非可恃先哲之代吾侪解决也。必须当时此地之人类善自为谋，今当提出两问题以与普天下人士共讨论焉。

　　其一，精神生活与物质生活之调和问题。吾侪确信"人之所以异于禽兽者"，在其有精神生活。但吾侪又确信人类精神生活不能离却物质生活而独自存在。吾侪又确信人类之物质生活，应以不妨害精神生活之发展为限度。太丰妨焉，太觳亦妨焉，应使人人皆为不丰不觳的平均享用，以助成精神生活之自由而向上。吾侪认儒家解答本问题，正以此为根本精神，于人生最为合理。道家之主张"无欲"，墨家之主张"自苦"，吾侪固认为不可行。但如道家中杨朱一派及法家中之大多数所主张，一若人生除物质问题外无余事，则吾侪决不能赞同。吾侪认物质生活不过为维持精神生活之一种手段，决不能以之占人生问题之主位。是故近代欧美是流行之"功利主义"、"唯物史观"……等等学说。吾侪认为根柢极浅薄，决不足以应今后时代之新要求。虽然，吾侪须知，现代人类受物质上之压迫,其势力之暴,迥非前代比。科学之发明进步,为吾侪所不能拒且不应拒;而科学勃兴之结果,能使物质益为畸形的发展,而其权威亦益猖獗。吾侪若置现代物质情状于不顾,而高谈古代之精神,则所谓精神者,终久必被物质压迫,全丧失其效力,否亦流为形式以奖虚伪已耳。然则宗唯物派之说,遂足以解决物质问题乎?吾侪又断言其不可能,现代物质生活之发展于畸形,其原因发于物界者固半,发于心界者亦半。近代欧美学说——无论资本主义者流,社会主义者流,皆奖厉人心以专从物质界讨生活。所谓"以水济水,以火济火,名之曰益多",是故虽百变其途,而世之不宁且滋甚也。吾侪今所欲讨论者,在现代科学昌明的物质状态之下,如何而能应用儒家之"均安主义"(用《论语》文意),使人人能在当时此地之环境中,得不丰不觳的物质生活实现而普及。换言之,则如何而能使吾中国人免蹈近百余年来欧美生计组织之覆辙,不至以物质生活问题之纠纷,妨害精神生活之向上。此吾侪对于本国乃至对于全人类之一大责任也。

其二,个性与社会性之调和问题。宇宙间曾无不受社会性之影响束缚而能超然存在的个人,亦曾无不借个性之缫演推荡而能块然具存的社会。而两者之间,互相矛盾互相妨碍之现象,亦所恒有。于是对此问题态度,当然有两派起焉。个人力大耶?社会力大耶?必先改造个人方能改造社会耶?必先改造社会方能改造个人耶?认社会为个人而存在耶?认个人为社会而存在耶?据吾侪所信,宇宙进化之轨则,全由各个人常出其活的心力,改造其所欲至之环境,然后生活于自己所造的环境之下。儒家所谓"欲立立人,欲达达人","能尽其性,则能尽人之性",全属此旨。此为合理的生活,毫无所疑,墨法两家之主张以机械的整齐个人使同冶一炉、同铸一型,结果至个性尽被社会性吞灭。此吾侪所断不能赞同者也。虽然,吾侪当知古代社会简而小,今世社会复而庞,复而庞之社会,其威力之足以压迫个性者至伟大。在恶社会之下,则良的个性殆，不能以自存，议会也，学校也，工厂也……凡此之类，皆大规模的社会组织，以个人纳其间，眇若太仓之一粟。吾侪既不能绝对的主张性善说，当然不能认个人集合体之群众可以无所待而止于至善，然则以客观的物准整齐而画一之，安得不谓为持之有故言之成理。彼含有机械性的国家主义、社会主义所以大流行于现代，固其所也。吾侪断不肯承认机械的社会组织为善美，然今后社会日趋扩大日趋复杂，又为不可逃避之事实。如何而能使此日扩日复之社会不变为机械的，使个性中心之"仁的社会"能与时势骈进而时时实现，此又吾侪对于本国乃至全人类之一大责任也。

吾确信此两问题者非得合理的调和，末由拔现代人生之黑暗痛苦以致诸高明，吾又确信此合理之调和必有途径可寻。而我国先圣，实早予吾侪以暗示，但吾于其调和之程度及方法，日来往于胸中者十余年矣，始终盖若或见之，若未见之。孔子曰，"不愤不启，不悱不发"；孟子曰，"有终身之忧，无一朝之患也，乃若所忧则有之"。呜呼！如吾之无似，其能借吾先圣哲之微言以有所靖献于斯世耶？吾终身之忧何时已耶？吾先圣哲伟大之心力，其或终有以启吾愤而发吾悱也。

附　　　录

先秦政治思想

（在北京法政专门学校五四讲演）

一

先秦政治思想有研究的价值吗？政治是现代的，是活的。研究政治的人，研究到二千年前书本上的死话，他们的社会组织和我们不同，他们所交接的环境和我们不同，他们所要解决的问题和我们不同。研究他们的思想有什么用处呢？不错，我且问，欧美的社会组织和我们同吗？所交接的环境和我们同吗？所要解决的问题和我们同吗？我们为什么要研究欧美政治思想，须知具体的政治条件，是受时间空间限制的。抽象的政治原则，是不受时间空间限制的。"政治学"是要发明政治原则，再从原则上演绎出条件来。那么，凡关于讲政治原则的学说，自然都是极好的研究资料，没有什么时代的区别和地方的区别。所以我觉得研究先秦政治思想和研究欧美政治思想，两样的地位和价值，都差不多。说是空话，都是空话，说有实用，都有实用。

政治是国民心理的写照，无论何种形式的政治，总是国民心理积极的或消极的表现。积极的表现，是国民心目中有了某种理想的政治，努力把他建设起来。消极的表现，是国民对于现行政治安习他默认他。凡一种政治所以能成立能存在，不是在甲状态之下，即是在乙状态之下。所以研究政治，最要紧的是研究国民心理，要改革政治，根本要改革国民心理。国民心理，固然是会长会变，但总是拿历史上遗传做根核。遗传的成分，种类很多，而以先代贤哲的学说为最有力。因为他们是国民心中的偶像，国民崇拜他们，他们说的话像一颗谷种那么小，一代一代的播殖在国民心中，他会开枝发叶成一大树。所以学政治的人，对于本国过去的政治学说，丝毫不能放过。好的固然要发扬他，坏的也要察勘他，要看清楚国民心理的来龙去脉，才能对证下药。

"先秦"这个名词，指的是春秋战国时代。那时代是中国历史上变动最剧的时代，当时所谓诸夏，所谓夷狄，以同一速率的发展，惹起民族大混合。社会组织，从封建制度全盛以至崩坏，从贵族阶级成立以至消灭，经无数波澜起伏，中间还有好几个国，属于别系文化，把一种异样的社会组织搀进来。经济状况日日变动，人口比从前加增，交通比从前频繁，工商业渐渐发生，大都市渐渐成立，土地由公有变为私有，几个大国对立，一面努力保持均势，一面各求自己势力增长。政治上设施，常常取竞走态度，经唐虞三代以来一千多年文化的蓄积，根柢已很深厚，到这时候尽情发泄，加以传播思想的工具日益利便，国民交换智识的机会甚多，言论又极自由。合以上种种原因，所以当时思想界异常活泼，异常灿烂。不惟政治，各方面都是如此。我们的民族性，又是最重实际的，无论那一派的思想家，都以济世安民为职志，差不多一切议论，都归宿到政治。所以当时的政治思想，真算得百花齐放，万壑争流。后来从秦汉到清末，二千年间，都不能出其范围。我们若研究过去的政治制度政治状态，自然时代越发近越发重要；若研究过去的政治思想，仅拿先秦做研究范围，也就够了。

二

先秦学派最有力的有四家，一儒家，二道家，三墨家，四法家。先秦政治思想，有四大潮流，一无治主义，二人治主义，三礼治主义，四法治主义。把四潮流分配四家，系统如下：

无治主义，等于无政府主义，是道家所独倡。有许行一派，后人别立一名叫做农家，其实不过道家支流。这种主义，结果等于根本取消政治，所以其余三家都反对他。但他的理想，却被后来法家采用一部分去。礼治主义，是儒家所独有，其余三家都排斥他，但儒家实是人治体治并重。他最高的理想，也倾向到无治，惟极端的排斥法治。人治主义，本来是最素朴平正的思想，所以儒墨两家都用他。墨家因为带宗教气味最深，所以他的人治也别有一种色彩。然而专讲人治到底不能成为一派壁垒，所以墨家的末流，也趋到法治。法治主义是最后起最进步的，因这个主义，才成了一个法家的学派名称。其实这一派的学说，也可以说是将道儒墨三家之说镕铸而成。

（附图：法治主义—法家、人治主义—墨家、礼治主义—儒家、无治主义—道家）

我们要研究四家的政治学说，墨家的书，只有一部《墨子》。道家的书，向来以《老子》、《列子》、《庄子》三部为中心。《列子》是伪书，应该剔去。《庄子》谈政治的地方甚少，可以不看，最主要的还是一部《老子》。儒家的书，以《论语》、《孟子》、《荀子》为中心。《礼记》里头，也有许多补助资料。法家的书以《尹文子》、《韩非子》为中心，《管子》和《商君书》，虽然不是管仲和商鞅所作，却是法家重要典籍，应该拿来参考，我这回讲义的取材，就以这几部书为范围。

三

在分讲这几个主义以前，先讲各家共通的几点，这几点或者就可以认为中国人政治思想的特色。

第一，中国人深信宇宙间有一定的自然法则，把这些法则适用到政治，便是最圆满的理想政治。这种思想，发源甚古，我们在《书经》《诗经》里头，可以发现许多痕迹。《书经》说：

> 天叙有典，勑我五典五惇哉。天秩有礼，自我五体有庸哉。
>
> 天乃锡禹洪范九畴，彝伦攸叙。

《诗经》说：

> 天生烝民，有物有则。民之秉彝，好是懿德。
>
> 不识不知，顺帝之则。

所谓"天"，其实是自然界代名词。老子所谓"道法自然"，孔子所谓"天垂象，圣人则之"，墨子所谓"立天志以为仪式"，都是要把自然界的理应用到人事。这一点是各派所同认，惟实现这自然法则的手段，各家不同。主张无治主义的，以为只要放任人民做去，他会循自然法则而行，稍为干涉，便违反自然了。主张人治主义的，以为这抽象的自然法则，要有个具体的人去代表他，得这个人做表率，自然法则便可以实现。主张礼治主义的，以为要把这自然法则演出条目来，靠社会的制裁力，令人遵守礼主张法治主义的，以为社会的制裁力还不够，要把这些自然法则变为法律，用国家的制裁力实行他。四派的分别在此。

我们试检查这种根本思想对不对，有无流弊。头一件先问自然法则到底有无？说有罢，用什么标准把他找出来，找出来是否真对。这两个问题，我们都有点难地答复。我们的先辈，既已深信有自然法则，而且信那自然法则是普遍的，固定的，所以思想不知不觉就偏于保守，养成传统的权威。这是第一种流弊。认自然为至善的境界，主张人类要投合他效法他，容易把人的个性压倒。这是第二种流弊。好在客观的自然法则，总要经过人类主观的关门才表现出来。人类对于自然界的观念，常常会变迁会进步，他所认的自然法则，也跟着变迁进步。所以这种思想，若能善于应用，也不见得有多大毛病。

第二，君位神授，君权无限。那一类学说，在欧洲有一个时代很猖獗。我们的先哲，大抵都不承认他是合理。我们讲国家起源，颇有点和近世民约说相类。可惜只到霍布士、洛克一流的见地，没有到卢骚的见地。这也是时代使然，不足深怪。人类为什么要有国家呢？国家为什么要有政府呢？政府为什么要一个当首长呢？对于这个问题，各家的意见都不甚相远。这种意见，像是在远古时代已经存在的。《论语》记尧舜传授的话，说：

> 允执其中，四海困穷，天禄永终。

《左传》记师旷的话，说：

> 天生民而立之君，使司牧之，岂其使一人恣于民上。

这种学说，相传很久，后来各家论政治起源，大率根本此说，以为国家之建设，实起于群众意识的要求。例如儒家说：

> 水火有气而无生，草木有生而无知，禽兽有知而无义，人有气有生有知亦且有义，故最为天下贵也。力不若牛，走不若马，而牛马为用何也？曰：人能群彼不能群也。人何以能群？曰：分。……故人生不能无群，群而无分则争，争则乱，乱则离，离则

205

弱,弱则不能胜物,君者善群者也。(《荀子·王制》篇)

墨家说:

> 古者民始生未有刑政之时,盖其语人异义。是以一人则一义,二人则二义,十人则十义,其人兹(同滋,益也)众,其所谓义者亦兹众。是以人是其义以非人之义,故交相非也。是以内者父子兄弟作怨恶,离散不能相和合。天下百姓,皆以水火毒药相亏害,至有余力不能以相劳,腐朽余财不以相分……明夫天下之乱生于无政长。是故选天下之贤可者,立以为天子。……(《墨子·尚同》篇)

法家说:

> 古者未有君臣上下之别,未有夫妇妃匹之合,兽处群居,以力相征。于是智者诈愚,强者凌弱,老幼孤弱,不得其所。故智者假众力以禁强虐而暴人止。……是故国之所以为国者,民体以为国,君之所以为君者,赏罚以为君。(《管子·君臣》篇)

又说:

> 天地设而民生之,当此之时也,民知其母而不知其父,其道亲亲而爱私。亲亲则别,爱私则险。民生众而以别险为务,则有乱。当此之时,民务胜而力征,务胜则争,力征则讼,讼而无正则莫得其性也。故贤者立中,设无私,而民日仁。当此时也,亲亲废,上贤立矣。凡仁者以爱利为务道,而贤者以相出为务,民众而无制,久而相出为道,则有乱。故圣人承之,作为土地货财男女之分。分定而无制,不可,故立禁。禁而莫之司,不可,故立官。官设而莫之一,不可,故立君。既立其君,则上贤废而贵贵立矣。(《商君书·开塞》篇)

各家之说,皆为救济社会、维持安宁秩序起见,不得不建国,不得不立君。荀子所注重者,在人类征服自然。有感互助之必要,乃相结为群,而立君以为司之,故"君"实以"群"得名。墨子则以为欲齐壹社会心理,形成社会意识,所以有立君的必要。管子所说,和诸家大致相同,他说"民体以为国",对于"国家以民众意识为成立基础"的观念,指点得很明了。然则国家的首长——即君主,从那里发生出来呢?儒家根据"天生民而立之君"的旧说,说是由天所命,但天是个冥漠无朕的东西,此说未免太空泛了。墨家说"选天下之贤可者",像是主张君位由选举产出,但选举机关在那里?选举程序如何?墨家未尝明言。法家的《商君书》,把国家成立分为三阶段:第一段是血族社会,靠"亲亲"来结合;第二段是部落社会,靠"上贤"来结合;第三段才是国家社会,却靠"贵贵"来结合。他所说和事实很相近,我们拿欧洲历史——就中日耳曼民族历史,都可以证明。各家所说,虽小有异同,但有一共通精神,他们都认国家是由事实的要求才产生的。国家是在民众意识的基础之上才成立的。近代欧美人所信仰的三句政府原则——所谓 of people, for people, by people,他们确能见到。of, for, 这两义,尤为看得真切。所以他们向来不承认国家为一个君主或某种阶级所有,向来不承认国家为一个君主或某种阶级的利益而存在。所以他们认革命为一种正当权利,《易经》说:

> 汤武革命,顺乎天而应乎人。

孟子说:

> 残贼之人,谓之一夫,闻诛一夫纣矣,未闻弑君也。

这种道理,儒家阐发最透。各家精神,亦大略相同。所以中国阶级制度,消灭最早,除了一个皇帝以外,在法律之前万人平等。而皇帝也不是什么"神圣不可侵犯"的东西。经济组织,以全国人机会均等为原则,像欧洲那种大地主和农奴对峙的现象，中国简直没有。都是由这种学说生出来的影响。

第三，中国人对于国家性质和政治目的，虽看得不错，但怎么样才能贯彻这目的呢？可惜没有彻底的发明。申而言之，中国人很知民众政治之必要，但从没有想出个方法叫民众自身执行政治。所谓 by people 的原则，中国不惟事实上没有出现过，简直连学说上也没有发挥过。《书经》说：

> 天视自我民视，天听自我民听。（《孟子》引《泰誓》）

像这种类的话，各家书中都有。但"民视民听"，怎么样才能表现呢？各家都说不出来，管子说：

> 以天下之目视，则无不见也。以天下之耳听，则无不闻也。以天下之心虑，则无不知也。（《管子·九守》篇）

又说：

> 夫民别而听之则愚，合而听之则圣，虽有汤武之德，复合于市人之言。是以明君顺人心，安情性，而发于众心之所聚。……先王善与民为一体，与民为一体，则是以国守国，以民守民也。（《管子·君臣》篇）

这种话，原理是说得精透极了，但实行方法，仍不外劝那"治者"采取那"被治者"的舆论，治者和被治者，还是打成两橛。尹文子的见解，稍为进步些，他说：

> 为善不能使人得从，此独善也。为巧不能使人得从，此独巧也，未尽善巧之理。为善与众行之，为巧与众能之，此善之善者巧之巧者也。所贵圣人之治，不贵其独治，贵其能与众共治。贵工倕之巧，不贵其独巧，贵其能与众共巧也。（《尹文子·大道》篇）

"与众共治"一语,可以说很带德谟克拉西色彩,但他是否径主张民众进而自治,还不很明了。他又说:

> "己是而举世非之,则不知己之是。己非而举世是之,亦不知己所非。然则是非随众贾(即价字)而为正,非己所独了,则犯众者为非,顺众者为是。"(同上)

这段话,把民众意识的价值,赤裸裸地批判,民众政治好的坏的两方面,确都见到。但他对于这种政治,言外含有不满之意,不见得绝对主张。

第四,中国人说政治,总以"天下"为最高目的,国家不过与家族同为达到这个最高目的中之一阶段。儒家说的"平天下"(《礼记·大学》),"以天下为一家,中国为一人"(《礼记·礼器》),道家说的"以天下观天下"(《老子》)这类话到处皆是,不必多引了。法家像很带有国家主义的色彩,然而他们提倡法治,本意实为人类公益起见,并不是专为一个国家。所以《商君书·修权》篇说,"为天下治天下",而斥"区区然擅一国者"为"乱世"。至于墨家,越发明了了。墨子说:

> 天兼天下而爱之。……天之有天下也,譬之无以异乎国君诸侯之有四境之内也。……(《天志》篇)
>
> 夫取天之人,以攻天之邑,此刺杀天民……上不中天之利矣。……(《非攻》篇)

墨子说的"天志",说的"兼爱",都是根本于这种理论。他的眼中,并没有什么国家的界限,所以他屡说"视人之国若其国"(《兼爱》篇)。

这样看来,先秦政治学说,可以说是纯属世界主义。像欧洲近世最流行的国家主义,据我们先辈的眼光看来,觉得很褊狭可鄙。所以孔子、墨子、孟子诸人,周游列国,谁采用我的政策,我便帮助他,从没听见他们有什么祖国的观念。因为他们觉得自己是世界上一个人,并没有专属于那一国。又如秦国的政治家，从由余、百里奚起到商鞅、张仪、范雎、李斯止，没有一个是秦国国籍。因为他们觉得世界上一个行政区域（国）应该世界上有才能的人都有权来共同治理。若拿现代爱国思想来责备他们，那么，简直可以说春秋战国时代的人，个个都是无廉耻，个个都是叛逆，然而拿这种爱国思想和他们说，他们总觉得是不可解。须知欧洲的法兰西和德意志，当沙里曼大帝时，只是一国，到今日却成了几百年的世仇。中国的晋和楚，当春秋时划然两国，秦汉以后，便一点界限痕迹都没有。现在若有人说你是山西国民，我是湖北国民，岂非笑话。可见彼我学说之异同，影响于历史上事实者至大。我们所以能化合成恁么大的一个民族，很受这种世界主义政治论之赐。而近二三十年来，我们摹仿人家的国家主义，所以不能成功，原因亦由于此。所以这派学说，在从前适用，在将来也会适用，在现在真算最不适用了。

四

前回讲的四大潮流，现在要分别论他。

无治主义，是道家所极力提倡的。全部《老子》，可以说有三分之一是政治论。他的政治论，全在说明无治主义的理想和作用。无治主义，如何能在学理上得有根据呢？据老子的意思，以为人民自己会做自己的事，只要随他做去，自然恰到好处。他说：

> 民莫之令而自均。

又说：

> 我无为而民自化，我好静而民自正，我无事而民自富，我无欲
> 而民自朴。

这种论调，很像亚丹斯密的一派经济学说，以为，只要绝对的放任自由，自然会得良好结果。所以凡带一点干涉，他都反对。他说：

> 夫代大匠斫者，希有不伤其手矣。

又说：

> 天下神器，不可为也。为者败之，执者失之。

又说：

> 爱民治国，能无知乎？明白四达，能无为乎？……生之畜之，生而不有，为而不恃，长而不宰，是谓玄德。

这种话，对于政治上干涉行为，一切皆绝对否认。像"代大匠斫必伤其手"这种见解，我们不能不承认为含有一面真理。我想起欧洲某学者有两句妙语，说："英国王统而不治，法国总统治而不统。"老子"长而不宰"这句话，正可以拿"统而不治"来做训诂。

这种绝对自由论调，论理，他的结论应该归到人民自治那条路去。例如英国王统而不治，所以"治"的权自然是归到人民组织的国会。老子却不是这样想，他以为这样子还是"为"，还是"执"，还是"宰"，还是"代斫"。对于无治主义不能贯彻，他理想的政治社会是：

> 小国寡民，使有什伯之器而不用，使民重死而不远徙；虽有舟舆，无所乘之；虽有甲兵，无所陈之；使人复结绳而用之。甘其食，美其服，安其居，乐其俗。邻国相望，鸡犬之声相闻，民至老死不相往来。

这种主张，不独说人民不应该当被治者，并且说不应该当治者。因为他根本认"治"是罪恶，被治和自治，在他眼中原没甚分别。

后世信奉这主义最热烈的，有和孟子同时的许行，许行的门徒陈相说：

> 贤者与民并耕而食，饔飧而治。今也滕有仓廪府库，则是厉民
> 而以自养也。（《孟子·滕文公上》）

又说：

> 从许子之道，则市价不二，国中无伪，虽使五尺之童适市，莫之
> 或欺。……（同上）

正祖述老氏之说，和现代无政府党同一口吻。

我们要问，老子、许子心目中的"乌托邦"，要有什么先决条件才能实现呢？我们从《老子》书中察勘得出来，他说：

> 不尚贤，使民不争；不贵难得之货，使民不为盗；不见可欲，使
> 民心不乱。

又说：

> 见素抱朴，少私寡欲。

不错，果然能够人人都少私寡欲，自然可以邻国相望……老死不相往来。自然用不着什么被治自治，你说不尚贤使民不争，他们自己会"尚"起来呀。你说不见可欲使民心不乱，拿可欲的给他见，固然是干涉。一定不许他见，还不是干涉吗？况且他自然会见，自然会欲，你又从何禁起呢？荀子说：

> 人生而有欲，欲而不得则不能无求，求而无度量分界则不能不
> 争，争则乱。……（《礼论》篇）

韩非子亦说：

> 古者不事力而养足，人民少而财有余，故民不争。……今人民

众而货财寡,事力而供养薄,故民争。……(《五蠹》篇)

老子的无治主义,以人民不争不乱为前提,荀子、韩子从经济上观察,说明老子所希望的不争不乱万万办不到。孟子驳难许行,也是从经济方面立论,老子之徒若不能反驳,那么,无治主义算是受了致命伤了。

五

人治主义,是儒家墨家共同的,拿现在的话讲,就是主张贤人政治。孔子说:

> 为政在人……其人存则其政举,其人亡则其政息。(《礼记·中庸》)

又说:

> 修己以安人,修己以安百姓。(《论语》)

诸如此类,不可枚举。孟子说的"法先王",荀子说的"法后王",归根结底,不外人治主义。荀子更明目张胆抬出人治主义和法治主义宣战,说道:

> 有治人,无治法。……法不能独立,类不能自行。得其人则存,失其人则亡。……(《君道》篇)

孟子较为带折衷精神,说道:

> 徒善不足以为政,徒法不能以自行。(《离娄上》)

然而孟子所谓法,不外"遵先王之法",也可以说仍在人治范围内。他说的"行仁政",说的"保民而王",都是靠贤人做去,所谓"苟非其人,道不虚行"，可以算他最后的结论。

墨家的人治主义，主张得尤为简单坚决，"尚贤"、"尚同"，是墨家所标主义里头很重要的两种。尚贤主义，和老子的"不尚贤使民不争"，恰是反面，他主张的理由如下：

> 何以知尚贤为政之本也？曰：自贵且智者为政乎，愚且贱者则治；自愚贱者为政乎，贵且智者则乱。……且夫王公大人……不察其知而以其爱，是故不能治百人者使处乎千人之官，不能治千人者使处乎万人之官……夫不能治千人者使处乎万人之官，则此官什倍也，夫治之法将以日至者也。日以治之，日不什修；知以治之，治不什益。而予官什倍，此则治其一而弃其九矣。……(《尚同中》)

这些话是针对当时贵族政治立言，很含有一部分精理。拿欧美官署或公司里头的办公人和中国比较，他们的劳力能率，总要比我们加好几倍。我们都是"以不能治千人者处万人之官"，我有位朋友曾说两句话很妙，他说："人人都说中国国民程度不够，我说只有国官程度不够。"墨子这一派尚贤主义，可以说现在还该极力提倡，而且我信他永久可以适用。

墨子的尚同主义，也是从尚贤引申出来，而结果益趋于极端。他说：

> 是故里长者里之仁人也。里长发政里之百姓，言曰："闻善而(训或)不善，必以告其乡长。乡长之所是，必皆是之；乡长之所非，必皆非之。去若(训汝)不善言，学乡长之善言；去若不善行，学乡长之善行。"……乡长惟能壹同乡之义，是以乡治也。
>
> 乡长者乡之仁人也。乡长发政乡之百姓，言曰："闻善而不善，必以告国君。国君之所是，必皆是之；国君之所非，必皆非

之。……"国君惟能壹同国之义,是以国治也。

国君者国之仁人也。国君发政国之百姓,言曰:"……天子之所是,必皆是之;天子之所非,必皆非之。……"天子唯能壹同天下之义,是以天下治也。……(《尚同上》)

又说:

明乎民之无正长以一同天下之义而天下乱也,是故选择贤良圣知辩慧之人立以为天子,使从事乎一同天下之义。天子既以(同已)立矣,以为唯其耳目之请(情字假借)不能独一同天下之义,是故选择天下赞阅贤良圣知辩慧之人,置以为三公,与从事乎一同天下之义。以为天下博大山林远土之民不可得而一也,是故靡分天下设以为万诸侯国君,使从事乎一同其国之义。……率其国之万民以尚同乎天子。……凡国之万民上同乎天子而不敢下比。天子之所是,必亦是之;天子之所非,必亦非之。……(《尚同中》)

墨子这种主张,可以叫做彻底的贤人政治,可以叫做绝对的干涉主义。他要"壹同天下之义",要"是上之所是,非上之所非",要人人都"上同而不敢下比",简直连思想言论的自由,都剥夺净尽了。墨子为什么信任天子到这种程度呢?他说:

天子之视听也神。……非神也,夫唯能使人之耳目助己视听,使人之吻助己言谈,使人之心助己思虑,使人之股肱助己动作。……(《尚同下》)

他的意思,因为天子能尚贤,所以可信任。尚贤、尚同,是连带的理论。

墨子的主张,要有一个先决条件,倘若国君一定是一国的仁人。天子一定是天下的仁人,那么,这种学说,还可以有相对的成立余地。试问墨子有何方法能够保证呢?墨子说,"选举天下之贤可者立以为天子"。不错,选举是好极了,由什么人选举呢? 怎么选举法呢? 选举出来的人何以靠得住是"天下贤良圣知辩慧"呢? 可惜墨子对于这种种问题,都没有给我们满意的答复。但我们细读《墨子》书,大略看出他的方法来了。墨家是一个宗教,教主自然认为天下最仁贤的人,教主死了过后,承袭教主道统的,也是天下最仁贤的人。这个人,墨家上他一个徽号,叫做"钜子"。我们从传记中看见好几处记钜子的行动,可以看出他在本教中权力如何,简单说,倘若墨教统一中国,恐怕要采用欧洲中世罗马教徒所主张的"法王政治"。这种政治,教徒当然说是最好,但到底好不好,用公平的政治学者眼光看来,怕没有什么可商量的余地罢。

墨家的人治主义,本来太极端,不须多辩,即儒家之中庸的人治主义,可指摘处亦甚多,后来法家驳得极透彻,尹文子说:

> 田子(田骈)读《书》,曰:尧时太平。宋子(宋钘)曰:圣人之治以致此乎? 彭蒙在侧,越次而答曰:圣法之治以致此,非圣人之治也。宋子曰:圣人与圣法何以异? 彭蒙曰:子之乱名甚矣。圣人者自己出也,圣法者自理出也,理出于己,己非理也。己能出理,理非己也。故圣人之治,独治者也。圣法之治,则无不治矣。(《大道下》)

此言对于人治法治两观念根本不同之处,说得最为明白。然则何以见得"圣法之治则无不治"呢? 尹文子又说:

> 若使遭贤则治,遭愚则乱,是治乱续于贤愚,不系于礼乐,是圣人之术,与圣主而俱没。`治世之法,逮易世而莫用则乱多而治寡。……(《大道上》)

韩非子亦说:

> 且夫尧舜桀纣,千世而一出……中者上不及尧舜,而下亦不为

桀纣。抱法……则治，背法……则乱。背法而待尧舜，尧舜至乃治，是千世乱而一治也；抱法而待桀纣，桀纣至乃乱，是千世治而一乱也。（《难势》篇）

这两段都是说"人存政举，人亡政息"不是国家长治久安之计，最能指出人治主义的根本缺点，韩非亦以大多数的"中人"为标准，说得更为有力。

人治主义派自己辩护，或说，虽有良法，不得人而用之亦属无效，法治派反驳道：

……夫曰良马固车，臧获御之，则为人笑；王良御之，则日取乎千里。吾不以为然。夫待越人之善海游者，以救中国之溺人，越人善游矣，而游者不济矣。夫待古之王良以驭今之马，亦犹越人救溺之说也，不可亦明矣。夫良马固车，五十里而一置，使中手御之，追速致远，可以及也，而千里可日致也，何必待古之王良乎？且御非使王良也，则必使臧获败之；治非使尧舜也，则必使桀纣乱之。此则积辩累辞，离理失实，两未之议也。（《韩非子·难势》篇）

这一段说的是"人无必得之券，则国无必治之符"。政权总是有人把持的，希望贤人政治的人，碰不着贤人，政权便落不肖者之手，岂不是全糟了吗？法治则中材可守，所以稳当。

法治派之驳难人治，再进一层，说道：

夫言行者，以功用为之的彀者也。夫砥砺杀矢，而以妄发，其端未尝不中秋毫也。然而不可谓善射者，无常仪也。设五寸之的，引十步之远，非羿、逢蒙不能必中者，有常也。故有常则羿、逢蒙以五寸的为功，无常则以妄发之中秋毫为拙。（《韩非子·问辩》篇）

此论极刻入。以为人治主义，不得人固然破坏，即得人也不算成立。因为偶然的事实，不能作为学理标准。学理标准，是要含必然性的。

法治派对于人治派之尚贤故策，还有一种攻击，说道：

> 今上论材能知慧而任之，则智慧之人希主好恶，使官制物以适主心。是以官无常，国乱而不壹。（《商君书·农战》篇）

前所举各条，不过说贤人不易得，并非说贤人不好，还是消极的排斥。这一条说尚贤根本要不得，是积极的排斥，虽说得过火些，却也含一部分真理。

平心论之，人治主义，不能说他根本不对，只可惜他们理想的贤人靠不住能出现。欲贯彻人治主义，非国中大多数人变成贤人不可。儒家的礼治主义，目的就在救济这一点。

#

礼治主义，是儒家所独有的，也是儒家政治论的根本义。孔子说：

> 道之以政，齐之以刑，民免而无耻。道之以德，齐之以礼，有耻且格。（《论语》）

当时法治的学说，虽尚未盛行，然而管仲、子产一流的政治家，已有趋重法治的倾向。孔子这段话，算是对于当时的政治实际状况，表示自己的态度。

礼到底是什么？我们试把儒家所下的定义参详一番：

> 礼也者，理之不可易者也。（《礼记·乐记》）
>
> 礼者，因人情之节文以为民坊者也。（《礼记·坊记》）
>
> 礼也者，义之实也。（《礼记·礼运》）

> 礼也者,节之准也。(《荀子·致士》篇)
>
> 礼,众之纪也。(《礼记·礼器》)
>
> 礼者,断长续短,损有余,益不足,达爱敬之文,而滋成行义之美者也。(《荀子·礼论》篇)

儒家最崇信自然法,礼,是根本自然法制成具体的条件,作人类行为标准的东西。

然则礼为什么可以做政治的工具呢? 儒家说:

> 礼起于何也? 人生而有欲,欲而不得则不能无求,求而无度量分界则不能不争,争则乱,乱则穷,先王恶其乱也,故制礼义以分之。以养人之欲,给人之求,使欲必不穷乎物,物必不屈于欲,两者相持而长,是礼之所起也。……故礼者养也,君子既得其养,又好其别。曷谓别? 曰:贵贱有等,长幼有差,贫富轻重皆有称者也。(《荀子·礼论》篇)

又说:

> 天下害生纵欲,欲恶同物,欲多而物寡,寡则必争矣。……离居不相待则穷,群而无分则争,穷者患也,争者祸也。救患除祸,莫若明分。(《荀子·富国》篇)

又说:

> 饮食男女,人之大欲存焉;死亡贫苦,人之大恶存焉。故欲恶者心之大端也。……欲一以穷之,舍礼何以哉?(《礼记·礼运》)

他们从经济上着眼,以为社会所以有争乱,都起于人类欲望的冲动。道家主张无欲,虽然陈义甚高,无奈万做不到。他们承认欲望的本质不是坏的,但要给他一个度量分界,才不至以我个人过度的欲望侵害别人分内的欲望。这种度量分界,名之曰礼。所以说,"礼者因人情之节文以为民坊"。他们以为这种"根据人情加以修正"的礼，是救济社会最善最美的工具。所以说：

> 礼岂不至矣哉。……至文以有别，至察以有说，天下从之者治，不从者乱；从之者安，不从者危。……故绳墨诚陈矣，则不可欺以曲直；衡诚县矣，则不可欺以轻重；规矩诚设矣，则不可欺以方圆；君子审于礼，则不可欺以诈伪。故绳者直之至，衡者平之至，规矩者方圆之至，礼者人道之极也。(《荀子·礼论》篇)

我们读了这段话，不知不觉把礼治家所谓礼和法治家所谓法联想到一起。法家说：

> 有权衡者不可欺以轻重，有尺寸者不可差以长短，有法度者不可诬以诈伪。(马氏《意林》引《慎子》)

此外法家书这一类话还甚多，恕我不一一征引了。

儒家赞美他的礼，法家赞美他的法，用的都是一样话，究竟这两件东西是一是二呢？那一件真能有这种功用呢？孔子有段话说得最好：

> 君子之道，譬犹防欤。夫礼之塞，乱之所由生也，犹防之塞，水之所从来也。……凡人之知，能见已然，不能见将然。礼者禁于将然之前，而法者禁于已然之后。……礼云礼云，贵绝恶于未萌，而起敬于微眇，使民日徙善远罪而不自知也。(《大戴礼记·礼察》篇)

法是事后治病的药，礼是事前防病的卫生术，这是第一点不同。

孔子又说：

> 礼义以为纪……示民有常，如有不由此者，在势者去，众以为殃。《礼记·礼运》

法是靠政治制裁力发生作用，在这个政府之下，就不能不守这个政府的法。礼却不然,专靠社会制裁力发生作用,你愿意遵守礼与否,尽随你自由。不过你不遵守时,社会觉得你是怪物,你在社会上便站不住。制裁力源泉各别,是礼与法第二点不同。

礼治绝不含有强迫的意味,专用教育手段慢慢地来收效果,《论语》记:

> 子适卫,冉有仆。子曰:庶矣哉!冉有曰:既庶矣,又何加焉?曰:富之。既富矣,又何加焉?曰:教之。

提倡礼治主义的人,专务"移风易俗"。最高目的,是"使人人有士君子之行"。他们以为经过这一番工夫,便可以"无为而治"。孔子说:

> 大道之行也,天下为公。选贤与能,讲信修睦。故人不独亲其亲,不独子其子;使老有所归,壮有所用,幼有所长,鳏寡孤独废疾者皆有所养;男有分,女有归;货恶其弃于地也,不必藏诸己;力恶其不出于身也,不必为己。是故谋闭而不兴,盗窃乱贼而不作,是谓大同。(《礼记·礼运》)

这是儒家理想的社会。把社会建设在兼爱助互的基础之上,真可以实行无治主义了。但何以能如此呢?下文说:

> 故圣人能以天下为一家中国为一人者,非意之也。必知其情,辟于其义,明于其利,达于其患,然后能为之。何谓人情?喜怒哀惧爱恶欲,七者弗学而能。何谓人义?父慈子孝、兄良弟弟、夫义妇听、长惠幼顺、君仁臣忠,十者谓之人义。讲信修睦,谓之人利。争夺相杀,谓之人患。故圣人之所以治人七情修十义讲信修睦尚贤让去争夺,舍礼何以治之?(同上)

据上所说,体治主义的根本精神大略可见了。这种礼治主义,儒家虽然说得很圆满，然而逃不了四方八面的攻击。道家因为他带有干涉气味，违反自然，所以攻击他说道：

> 失道而后德，失仁而后义，失义而后礼，夫礼者忠信之薄而乱之音。

墨家尊实利主义，因为他偏于形式而太噜苏。所以攻击他说道：

> 儒学不可以议世，劳思不可以补民，累寿不能尽其学，当年不能究其礼。（《墨子·非儒》篇）

法家和道家正相反，道家因为他干涉，所以攻击他。法家因为他不干涉，所以攻击他。法家说：

> 夫圣人之治国，不恃人之为吾善也，而用其不得为非也，恃人之为吾善也。境内不什数，用人不得为非，一国可使齐。为治者，用众而舍寡，故不务德而务法。……不恃赏罚而恃自善之民，明主弗贵也。何也？……所治非一人也。（《韩非子·显学》篇）

各家攻击礼治主义之言大略如此，我们试平心把这个主义的价值检查一番。礼这样东西，本是以社会习惯为根据。社会习惯，多半是由历史上传统的权威积渐而成，不能认他本质一定是好的。绝对尊重他用作政治上主义，很可以妨害进步，我们实在不敢赞成。但换个方面看来，习惯支配社会的力量实在大得可怕。若不能将习惯改良，一切良法美意都成虚设。儒家提倡礼治主义的深意，是要使"人人有士君子之行"。法家说，"弗贵有自善之民"，儒家正和他们相反，确信非有"自善之民"，则良好政治不能出现。《论语·阳货》章说：

> 子之武城，闻弦歌之声，夫子莞尔而笑曰：割鸡焉用牛刀？子游曰：吾闻之，君子学道则爱人，小人学道则易使也。子曰：二三

子,偃之言是也。前言戏之耳。

这一章很可以见出儒家政论根本精神。他们是要国中人人都受教育,都成为"自善之民"。他们深信贤人政治,但不是靠一两个贤人。他们最后目的要把全社会人个个都变成贤人。质而言之,他们以养成国民人格为政治上第一义,他们反对法治,反对的理由就专为"民免而无耻",于国民人格大有妨害。

　　拿办学校做比方,法家以为最要紧是严定章程,信赏必罚,令学生整齐严肃,学校自然进步。儒家不然,以为最要紧是养成好学风,得有"自善"的学生,学校乃能进步。法家的办法,例如每学期只准告假若干次若干点钟,过了便扣分数,以为这样便可以防懒惰的学生。例如图书馆规则严密规定弄污了如何惩罚,撕破了如何惩罚,以为这样便可以防乱暴的学生。儒家以为专靠这些,效力有限得很,而且会生恶结果。你立许多告假章程防备懒惰,那懒惰的学生,尽可以在不违犯告假章程内,依然实行懒惰。你立许多借书章程防止乱暴,那乱暴的学生,当着旁人不见的时候撕破书,你便无法追究,你要惩罚他时,他可以有法抵赖。所以立法无论若何严密,到底不能得豫期的效力。不惟如此,你把学生当作贼一般看待,学生越发不自爱,逼着他想出种种方法遁逃于法之外,养成取巧或作伪的恶德,便根本不可救药了。所谓"免而无耻",即指这种现象。儒家的办法,以为只要想方法引起做学问的兴味,学生自然不会懒惰,只要想方法养成公德观念,学生自然不会乱暴。在这种学风底下发育的学校,倘若学生中有一两位懒惰乱暴的,全校学生都不齿他,这种制裁力,比什么章程罚则都强。礼治的真精神,全在这一点。从这一点看来,法治主义,很像从前德国、日本的"警察政治",礼治主义,很像英美的自由主义。儒家所以站得住的地方在此,若从繁文缛节上求"礼",便浅之乎视儒家了。

七

法治主义,最为晚出。法治成为一种系统的学说,起于慎到、尹文、韩非诸人。然而以前的政治家,早已有人实行这种主义。道儒墨三家的学说,亦有一部分和法治相通。因此后起的学者,镕贯这些偶现的事实和断片的学理,组织成一个新派。今请先述法之定义,定义者有广狭。广义的"法",如儒家说:

> 是以明于天之道,而察于民之故,遂兴神物以前民用。……一辟一阖谓之变,往来不穷谓之通。见乃谓之象,形乃谓之器,制而用之谓之法。(《易辞·系传》)

墨家说:

> 法,所若而然也。(《墨子·经上》篇)

再追寻法字的语原,据《说文》说:

> 灋,刑也。平之如水,从水。廌所以触不直者去之,从廌去。
>
> 式,法也。
>
> 笵,法也。
>
> 模,法也。
>
> 型,铸器之法也。

"法"本字作"灋",含有平直两意,其互训之"刑",即"型"字。其字从井,井含有平正秩序之义。俗语"井井有条",即其正训。型为器物之模范,法即行为之模范。墨家说,"法,所若而然",意思是说,"你依着这样做便对了"。儒家说法的本原在"天之道"与"民之故",换句话说,就是"社会自然模则"。这种自然法则表现出来的叫做象，模范那象用人力制成的叫做法。把以上几条归拢起来可以下个定义道："根据平正秩序的自然法则制成一种模型，叫做法。"

依这广义，凡人类一切行为的模型，乃至无机物的模型，通谓之法。法家以为范围太广泛了，他们另外下一种狭义解释，说道：

> 法者，宪令著于官府，刑罚必于民心，赏存乎慎法，而罚加乎奸令者也。(《韩非子·定法》篇)

又说：

> 法者，编著之图籍，设之于官府，而布之于百姓者也。(《韩非子·难三》篇)

从广义的解释，则法与礼同为人类行为的标准，可以说没甚分别。而且可以由一个人"以身作则"。法治人治，也可混为一谈。狭义的解释不然，他们所注重的，是具体的成文法，用国家权力强制执行。法家的特色全在这一点。

说到这里，应该把古代成文法的沿革，略为研究。现存的三代古籍，没有一部是用法典形式编成的——《周官》很像行政法，但这书为战国以后伪作，已成学界公论。《尚书·吕刑》篇说：

> 苗民弗用灵，制以刑，惟作五虐之刑，曰法。

像是刑法这样东西，专为统治异族的苗民而设。这种推测，很近情理。因为古代部落社会，大半由血统关系而成立。部落不过大家族，家族的统治，靠情义和习惯便够了，用不着什么法律。后来和外族竞争的结果，渐渐有些血族以外的人同栖于一社会中，这些人和社会的固有分子没有什么情意，和社会的固有习惯常常不相容，于是不能不立些法律来约束他、强迫他。荀子说：

> 由士以上，则必以礼乐节之；众庶百姓，则必以法数制之。（《富国》篇）

荀子时候的"士"和"众庶"，虽然不是用血统做区别，但这种观念发源甚古，大约古代有贵族、平民两阶级。贵族是相互的以礼为坊，平民是片面的受治于法。所以说：

> 礼不下庶人，刑不上大夫。（《礼记·曲礼》）

这种办法，在部落时代，原是可行，但社会渐渐发达成了国家，情形却不同了。社会分子日日增多，日日趋于复杂，贵族、平民的界线日日混合变化，专靠相互的以礼为坊，可有点维持不住了。成文的法律，就不得不应时而兴。据《左传》所记，各国有所谓"仆区之法"、"茅门之法"、"被庐之法"等名目，虽然内容如何，今无可考，大约是"宪令著于官府"的"法"之起原了。其他如晋国之"作原田，作州兵"，谅来都应该有一种条文来规定办法。最显著者，如管仲相齐，"作内政，寄军令，制为轨里连乡之法。"他所制定的法律当然很多，到春秋末叶，成文法之公布，遂成为政论界一大问题。郑国的子产要铸刑书，晋国的叔向写信责备他，说道：

> 先王议事以制，不为刑辟，惧民之有争心也。……并有争心，以征于书，而侥幸以成之，弗可为矣。……锥刀之末，将尽争之，乱狱滋丰，贿赂并行，终子之世，郑其败乎。（《左传·昭六》）

后来晋国也作刑鼎。孔子、史墨都批评他，认为不好，意思和叔向大略相同。大约"民免而无耻"，是他们反对派最强的理由。当时子产回叔向的信说道："侨不才，不能及子孙，吾以救世也。"观此可知法治主义，已成为那时候的"时代要求"，像子产一流的实行政治家，早已承认了。

到战国初年，魏国的李悝遂制定《法经》六篇。后来商鞅以魏国人做秦国宰相，应用李悝的精神，把秦国做成法治的模范国。《法经》虽然久已亡佚，但现存的《唐律疏义》，以《晋律》为底本，《晋律》以萧何的《汉律》九章为底本，《汉律》以《法经》为底本，所以《法经》可以说是最古的成文法，用蜕形的方式有一部分流传到今日。古代成文法制定公布的经过历史大略如是。

　　法律之制定公布，既已为"救世"所必要，各国政治家向这方面着着实行，而反对论亦蜂起。于是法治之可否，遂成为学界问题。有一群学者，要从学理上找出法治主义可能且有益的根据，法家乃因而成立。说到这里，我们有一件事应该注意，当时法家的大学者，不是和墨家有关系，便和道家有关系。如尹文，《庄子·天下》篇把他和宋钘并列，底子是个墨家，然而他的言论，确是法治主义急先锋。如韩非，人人公认为法家中坚，他的书中，却有《解老》、《喻老》等篇，可见他和道家渊源很深。然则主张无治主义的道家和主张人治主义的墨家，何以末流都归到法治主义呢？试看以下所引几条，便可以寻出线索。

　　法治主义最坚强的壁垒，在"综核名实"，尹文子说：

　　　　名者，名形者也。形者，应名者也。……故必有名以检形，形以定名，名以定事，事以检名。……善名命善，恶名命恶……使善恶画然有分。……名宜属彼，分宜属我。……定此名分，则万事不乱也。(《大道上》)

古代名学的派别和应用，不是本论范围，今且不说。但看司马迁以来都称法家言为"刑名之书"，《法经》第一篇便是名篇，汉律唐律第一章便是名律，可见得"法"和"名"关系的密切了。古代名学，墨家讲得最精，《墨经》四篇，大半阐明名理。他们的后学，把来应用到政治论上，便完成法治主义。尹文子说：

　　　　故人以度审长短，以量受多少，以衡平轻重，以律均清浊，以名稽虚实，以法定治乱，以简治烦惑，以易御险难。万事皆归于一，百度皆准于法。归一者简之至，准法者易之极。如此，顽嚚聋瞽可与察慧聪智同其治也。（同上）

墨家学说，不是认"一人一义，十人十义"为不好，"要选举仁贤圣智辩慧之人立为天子，使之壹同天下之义"吗？法家也认"壹同天下之义"为必要，但壹同的手段，不恃人而恃法。例如市面用的尺，有京尺，有广尺，有沪尺，有英尺，有米突尺，便是"一人一尺、十人十尺"，我们和人说"我有一尺布"，不知是一京尺呀，还是一广尺一英尺呢？这便是名实混乱，然则"壹同天下之尺"，自然是有益而且必要。怎样去"壹同"他呢？主张人治主义的人说："某人手法最准，谓他用手量一量，便可认为公尺。"但如何能件件东西都烦他用手去量呢？他的手一伸一缩，能保不生出参差吗？这些问题，主张人治主义的人不能答复。主张礼治主义的人说，"只要社会公认通行的便算公尺"，但所谓"社会公认"，有什么法能令他一致，结果还不是"一人一尺，十人十尺"吗？这问题主张礼治主义的人也不能答复。主张法治主义的人说："只要农商部设一个度量衡检查所，用一定的标准来'壹同天下之尺'，用一块铜片或竹木片规定他怎么长便叫做'尺'，把'尺'的名确定之后，便循名责实，和这长度相等的便是尺，不相等的便不是尺。"墨家亦说：

> 效也者，为之法也。所效者，所以为之法也，故中效则是也，不中效则非也。（《墨子·小取》篇）

法家把这种理论应用到实际，以为万事都要用法律规定。执政的人便立在法律后头，综核名实，看他"中"与"不中"，拿赏罚的威力制裁他。例如人民应该做那件事，不应该做那件事，凭圣君贤相一时的主观的判断来做标准吗？不对。凭社会习惯做标准吗？也不对。不如由国家法律定出一个标准，凡法律认为应该做而不做，或认为不应该做而做，都要受制裁。这是最简最易的办法,譬如农商部的公尺颁定以后,不必有好手法的人,自然会根据这标准量布毫厘丝忽不差。所以说,"顽嚚聋瞽可与察慧聪智同其治。"

法家的话,反复发明这种道理的很多。韩非子说:

> 设柙非所以备鼠也,所以使怯弱能服虎也;立法非所以避曾史也,所以使庸主能止盗跖也。(《守道》篇)

意思是说好人不必法律制裁他,法律的作用,在使无论何人都可制止恶事。又说:

> 释法术而心治,尧不能正一国;去规矩而妄意度,奚仲不能成一轮。……使中主守法术,拙匠守规矩尺寸,则万不失矣。(《用人》篇)

有人说,法定得妥当固然好,万一不妥当岂不大糟。法家以为不然。他们说:

> 法虽不善,犹愈于无法,所以一人心也。夫投钩以分财,投策以分马,非钩策为均也,使得美者不知所以美,得恶者不知所以恶,所以塞愿望也。(《慎子·威德》篇)

或疑法律威权如此其重,岂不是助成专制。法家的精神,却大大不然。他们认法律为绝对神圣,他们不许政府行动轶出法律范围以外。他们说:

> 明君置法以自治,立仪以自正也。……禁胜于身,则令行于民矣。(《管子·法治》篇)

> 不为君欲变其令,令尊于君。(同上)

> 有道之君,善明设法而不以私防者也。而无道之君,既已设法,则舍法而行私者也。……为人君者弃法而好行私谓之乱。

（《管子·君臣》篇）

> 君人者舍法而以身治，则诛赏予夺，从君心出。……君舍法以心裁轻重，则同功殊赏，同罪殊罚矣，怨之所由生也。（《慎子·君人》篇）

这类话，在法家书中屡见不一。他们的根本精神，专在防制君主"以心裁轻重"，不令"诛赏予夺从君心出"，所以又说：

> 使法择人，不自举也。使法量功，不自度也。（《管子·明法》篇）
>
> 不知亲疏远近美恶，以度量断言……故任天下而不重也。

（《管子·任法》篇）

儒家最贵的是行仁政，法家不以为然。法家在法律之下，无所谓爱憎，无所谓仁不仁。他们说：

> 不为爱民亏其法，法爱于民。（《管子·法法》篇）

又说：

> 慈母之于弱子也，爱不可为前，然而弱子有僻行使之随师，有恶病使之事医，不随师则陷于刑，不事医则疑于死。慈母虽爱，无益于振刑救死，则存子者非爱也。母不能以爱存家，君安能以爱持国？（《韩非子·八说》篇）

儒家每每攻击法家刻薄寡恩，在法家不过在法律之下常常保持冰冷的面孔，特别的仁爱固然没有，特别的刻薄亦何尝有呢？

法家以为任法的结果，可以到无为而治的境界。他们说：

> 名定则物不竞，分明则私不行。物不竞非无心，由名定故无所措其心。私不行非无欲，由分明故无所措其欲。然则心欲人人有之，而得同于无心无欲者，制之有道也。（《尹文子·大道上》）

又说：

> 圣君任法而不任智，故身佚而天下治。(《管子·任法》篇)

他们以为用法律正名定分，人民虽有私欲也行不开，自然可以变成无私无欲。又以为用呆板的法律支配一切人事，统治的人一毫成见参不下去，自然可以垂拱无为。然则法治主义结果可以达到无治的目的，道家后学所以崇拜法治在此。

　　然则有什么保障能令法治实现呢？头一件，君主不可"弃法而好行私"，不可"诛赏予夺从君心出"，前文已经说过了。他们更有一种有力的保障，是要法律公开，使人民个个都明白了解他的办法如下：

> 公问公孙鞅曰：法令以当时立之者，明旦欲使天下之吏民皆明知而用之如一而无私，奈何？公孙鞅曰：为法令置官吏朴足以知法令之谓者，以为天下正。……诸官吏及民有问法令之所谓也于主法令之吏，皆各以其故所欲问之法令明告之。各为尺六寸之符，明书年月日时所问法令之名以告吏民，主法令之吏不告及之罪而法令之所谓也，皆以吏民之所问法令之罪各罪主法令之吏……故天下之吏民，无不知法者。吏明知民知法令也，故吏不敢以非法遇民，民不敢犯法以干法官也。遇民不修法则问法官，法官即以法之罪告之，民即以法官之言正告之吏。吏知其如此，故吏不敢以非法遇民，民又不敢犯法。如此，天下之吏民虽有贤良辩慧，不能开一言以枉法。……此所生于法明白易知而必行。……(《商君书·定分》篇)

罗马十二铜表法之公布，由人民用革命的手段才换得来。法家这样诚恳坚决主张法律公开，而且设种种方法令法律知识普及，真可谓能正其本，能贯彻主义的精神了。

法治主义，在古代政治学说里头，算是最有组织的、最有特色的，而且较为合理的。当时在政治上，很发生些好影响。秦国所以盛强，确是靠他。秦国的规模，传到汉代，得有四百年秩序的发展。最后极有名的政治家诸葛亮，也是因为笃信这主义，才能造成他的事业。可惜从汉以后，这主义一日比一日衰熄，结果竟完全消灭了。为什么消灭呢？一半是学说本身的原因，一半是政治上原因。学说本身原因，头一件，太硬性，和国民性质不甚相容，所以遭儒家的打击，便站不住。第二件，学说有不周密的地方，容易被坏人利用变坏了。这一点下文再详说。政治上原因，头一件，就是刚才说的利用变坏，第二件，外族侵入和内乱剧烈的时候，真成了俗话所谓"无法无天"，还有什么法治呢？中国不幸在这种状态之下过了一千多年，有何话说？政治在法治以上还要有事，我们是承认的，但若使连法治尚且办不到，那便不成为今日的国家，还讲什么"以上"呢？所以我希望把先秦法家真精神，着实提倡，庶几子产所谓"吾以救世"了。

我们虽崇拜法治主义，却要知他短处。短处要分别言之。一是法治主义通有的短处，二是先秦法家特有的短处。什么是法治主义通有的短处，法律权力渊源在国家，过信法治主义，便是过信国家权力。结果个人自由，都被国家吞灭了，此其一。法治主义，总不免机械观，万事都像一个模型里定制出来，妨害个性发展，此其二。逼着人民在法律范围内取巧，成了儒家所谓"免而无耻"，此其三。这三种短处，可以说虽极圆满的法治国家，也免不了的。什么是先秦法家特有的短处呢？他们知道法律要确定要公布，知道法律知识要普及于人民，知道君主要行动于法律范围以内，但如何然后能贯彻这种主张，他们没有想出最后最强的保障。申而言之，立法权应该属于何人？他们始终没有把他当个问题。他们所主张法律威力如此绝对无限，问法律从哪里出呢？还是君主？还是政府？他们虽然唇焦舌敝说"君主当设法以自禁"，说"君主不可舍法而以心裁轻重",结果都成废话。造法的权在什么人,变法废法的权自然也在那人。君主承认的便算法律,他感觉不便时,不承认他,当然失了法律的资格。他们主张法律万能,结果成了君主万能。这是他们最失败的一点。因为有这个漏洞,所以这个主义,不惟受别派的攻击无从辩护,连他本身也被专制君主破坏尽了。我们要建设现代的政治,一面要采用法家根本精神,一面对于他的方法条理加以修正才好。